物流综合实训

主　编　陈汝平　何懿婷

副主编　陈尚通　刘志坚　钟旺超　卢伟东

中国财富出版社

图书在版编目（CIP）数据

物流综合实训 / 陈汝平，何懿婷主编．—北京：中国财富出版社，2015.3

ISBN 978-7-5047-5772-2

Ⅰ.①物… Ⅱ.①陈… ②何… Ⅲ.①物流—物资管理 Ⅳ.①F252

中国版本图书馆 CIP 数据核字（2015）第 141603 号

策划编辑	惠 婳	责任编辑	孙会香 惠 婳		
责任印制	何崇杭	责任校对	梁 凡	责任发行	斯 琴

出版发行	中国财富出版社		
社 址	北京市丰台区南四环西路 188 号 5 区 20 楼	邮政编码	100070
电 话	010-52227568（发行部）		010-52227588 转 307（总编室）
	010-68589540（读者服务部）		010-52227588 转 305（质检部）
网 址	http://www.cfpress.com.cn		
经 销	新华书店		
印 刷	北京京都六环印刷厂		
书 号	ISBN 978-7-5047-5772-2/F·2417		
开 本	787mm×1092mm 1/16	版 次	2015 年 3 月第 1 版
印 张	11.25	印 次	2015 年 3 月第 1 次印刷
字 数	233 千字	定 价	28.00 元

内容介绍

本书是中等职业学校物流服务与管理专业项目教学模式改革教材之一，教材将现代物流运营业务转换为学习项目，以“项目引领，任务驱动”为核心思想，以学习项目为纲，以物流主要功能活动为线索，用典型的工作任务整合物流综合实训内容，体现了职业过程的工作导向特点。

本书主要内容包括半自动生产物流实训、入库作业实训、在库管理实训、出库作业实训、零售作业实训和叉车操作实训6个实训项目。

本书可作为中等职业学校物流服务与管理专业及相关专业教学用书，也可作为物流企业从业人员岗位培训教材和自学用书。

前　言

伴随着我国经济的持续快速发展，物流产业也蓬勃兴起，国内对物流人才的需求量也越来越大。巨大的人才供需差距使得物流成为社会上的热门专业，物流人才也变得炙手可热。由于物流专业具有环节多、科技含量高、理论与实践联系紧密等特点，因此，要培养出适用中等专业物流人才，中职学校的物流专业教育必须加强实践性教学，切实提高物流管理专业学生的理论应用技能和业务操作技能，这也是实现中职学校物流专业培养目标的必由之路。

物流实训是培养中职学校学生掌握物流专业技能及综合业务处理能力的有效方式。本书正是基于校内实训环境，以企业的物流业务流程为主线，将物流业务转换成实训项目，以企业实际岗位工作为背景，结合现代物流作业与物流信息技术，将校内实训与校外实习进行有机结合而成的物流综合实训教材，通过工作过程分析，构建“现场实践”的学习环境。以任务驱动为导向，每个任务包括完成任务所需的知识、技能、态度、工具以及完成该任务所需时间及质量标准要求等。学生通过完成一个个任务，其职业能力培养目标得以实现。

本书以现代物流业务流程为主线，结合物流作业过程中对一些设备及信息技术的使用，按“半自动生产物流—入库作业—在库管理—出库作业—零售作业—叉车操作”6 个实训项目组织编写，包括 23 个任务。按照工作任务驱动、岗位模拟的模式开展实训，每个任务包括任务目标、任务描述、任务准备（包括相关知识、材料与工具）、实施步骤（工作页）、任务评价、拓展提升 6 个部分。在任务设计过程中，考虑了企业真实业务运营环境与学校物流实训条件的差异，学生既可以通过传统作业方式完成任务，也可以结合信息化手段完成任务。

本书要求学生在学习过程中，掌握相互联系的三个方面团队作业技能，即工作计划制订技能、工作计划的组织实施制订技能、工作计划的评估制订技能，并从记忆复制能力、分析归纳能力、转化应用能力和解决问题能力 4 个层次训练学生的个体能力。

本书由广东省东莞市经济贸易学校陈汝平、何懿婷任主编，广东省东莞市经济贸易学校陈尚通、刘志坚、钟旺超、卢伟东任副主编，具体分工如下：陈汝平负责编写项目一、项目五；何懿婷负责编写项目二中的任务一和项目三；钟旺超负责编写项目二中的任务二、任务三、任务四；陈尚通负责编写项目四；刘志坚负责编写项目六中的任务一、任务二、任务三、任务四、任务五；卢伟东负责编写项目六中的任务六、任务七、任务八。广东时捷物流有限公司韦春雨经理，东莞环众物流有限公司蓝仁昌董事长、祁亮经理参与编写提纲及提供企业案例。全书由陈汝平、何懿婷进行整体设计并统稿。

本书在编写过程中，参考和借鉴了许多专家有关物流科学的论著、教材以及网络素材等资料，在此，谨向其原作者表示衷心的感谢。

由于编者水平有限，书中难免会存在不足和疏漏之处，恳请相关职业院校的同人、专家和读者在使用本书的过程中给予关注，并将意见及时反馈给我们，以臻完善。

编　者

2015 年 1 月

目　录

项目一　半自动生产物流实训

任务目标

通过本项目的实训，学生可以熟知自动化立体库的组织结构、工作原理及实际应用，懂得生产物流作业流程，能够熟练地掌握自动化立体库控制软件的操作技能，利用立体库系统，采用“自动分拣出库 + 人工配送”的模式，完成生产线上的岗位零部件配送作业以及产成品入库作业的操作，借以引导学生的科技物流意识，激发学生的学习兴趣。

项目背景

东莞昌龙玩具厂是一家以承接中高档电动玩具为主营业务的制造企业，资金实力雄厚，拥有一套自动化立体仓库，对生产物料的储存及领用实行半自动化管理，在生产车间，物料的配送则采用看板管理方法，是森美（国际）玩具有限公司的长期合作企业。

任务一　自动化立体仓库操作实训

任务目标

1. 通过操作实训，学生可以熟知自动化立体仓库的组织结构、工作原理及实际应用。

2. 通过操作实训，学生可以熟练掌握自动化立体库控制软件的操作技能，利用立体仓库系统，采用“自动分拣出库 + 人工配送”的模式，完成生产线上的岗位零部件配送作业。

3. 通过操作实训，培养学生的科技物流意识，激发学生的学习兴趣。

任务描述

东莞昌龙玩具厂 1 号生产线，按照生产计划，需要完成森美（国际）玩具有限公司的生产订单组装玩具一批，要求每周生产量为 10 件。生产零部件使用立体仓库存放，岗位配送采用的方式是“自动分拣出库 + 人工搬运配送”。

一、相关知识

（一）立体仓库的概念

自动立体仓库（Automatic Warehouse）是由电子计算机进行管理和控制，不需人工搬运作业而实现收发作业的仓库。立体仓库（Stereoscopic Warehouse）是指采用高层货架以货箱或托盘储存货物，用巷道堆垛机及其他机械进行作业的仓库。将上述两种仓库的作业结合称为自动化立体仓库。

自动化立体仓库系统（Automatic Storage And Retrieval System）是在不直接进行人工处理的情况下能自动地存储和取出物料的系统。这个定义覆盖了不同复杂程度及规格的极为广泛多样的系统。自动化立体仓库是自动化立体仓库系统的主要形式，可以将自动化立体仓库理解为这样一个系统，它使用多层货架、巷道堆垛机、搬运车以及计算控制和通信系统，能自动地在立体高层货架的任何货位进行存取作业，并能够对整个仓储信息和仓储作业流程进行计算机管理。有的自动化立体仓库可以直接与生产系统相联。

自动化立体仓库的功能一般包括自动收货、存货、取货、发货、信息统计和查询等。

（二）立体仓库的构成

1. 高层货架

自动化立体仓库的高层货架一般采用单元货格式货架、重力式货架和旋转式货架。高层货架每两排合成一组，每两组货架中间设有一条巷道，供巷道堆垛起重机和叉车行驶作业，每排货架分为若干纵列和横排，构成货格或存货位，用于存放托盘或货箱。

货架常采用钢结构，个别采用钢筋混凝土结构。高层货架的高度一般在 8 ~ 50m，当货架的高度超过 20m 后，货架和相关设备的投资显著增加。作为一种承重部件，货架必须具有足够的强度和稳定性。在正常工作条件下和在特殊的非工作条件下，不至于被破坏。

2. 巷道堆垛起重机

巷道堆垛起重机简称巷道堆垛机，其主要用途是在高层货架的巷道内来回穿梭运行，将位于巷道口的货物存入货格；或者相反，取出货格内的货物运送到巷道口。巷道堆垛机可以整体沿货架间的轨道水平方向移动，巷道堆垛机的载货平台可以沿堆垛机支架上下垂直移动，载货平台的货叉可以借助伸缩机构向平台的左右方向移动，这样可实现所存取货物的三维移动。

巷道堆垛起重机由机架、运行机构、升降机构、货叉伸缩机构、电气控制设备组成。

3. 出、入库输送机

出、入库输送机主要分为无动力式和动力式。其中，无动力式又分为辊筒式、滚轮式两种；动力式分为辊子输送机、链条输送机和皮带输送机。

4. 电气与电子设施

自动化仓库中的电气与电子设施主要包括检测装置、信息识别装置、控制装置、通信设备、计算机管理设备、大屏幕显示、图像监视等设备。

5. 自动化立体仓库的信息管理系统

自动化立体仓库的信息管理系统主要包括计算机监控系统、数据库系统及网络系统。计算机监控系统涉及管理计算机、监控计算机和控制具体设备执行的 PLC 控制器等。

（三）立体仓库的特点

1. 自动化立体仓库的优点

（1）高层货架存储。

①高层货架存储，存储区大幅度向高空发展，节省了库存占地面积，提高了空间利用率。自动化仓库的单位面积存储量可达 7.5t/m²，是普通仓库的 5 ~ 10 倍。

②采用高层货架存储，并结合计算机管理，容易实现先入先出，防止货物的自然老化、生锈、变质和发霉。

③自动化仓库有利于防止货物和物料的丢失和损坏。

（2）自动存取。

①自动化仓库使用机械和自动化设备，运行和处理速度快，劳动生产率高，并且可有效降低操作人员的劳动强度。

②自动化仓库可以较好地适应黑暗、低温、污染、有毒和易爆等特殊场合的物品存取需要。

（3）计算机控制。计算机控制能够有效地减少货物处理和信息处理过程中的差错。

①利用计算机管理可以合理分配货位，有效地利用仓库存储的能力；便于清点和盘库；加快存储占用资金的周转，节约流动资金。

②自动化仓库的计算机信息管理系统可以与企业的生产信息系统集成，实现企业信息管理的自动化。

③存储信息管理及时准确，便于企业领导随时掌握库存情况，正确及时决策，提高了生产应变能力和决策能力。

2. 自动化立体仓库的缺点

（1）基础和设备投资高。

（2）自动化立库的操作、维护和保养要求高。

（3）作业流程要求严格，弹性小，柔性差，整体配套要求高。

二、材料与工具、设备

1. 材料

生产 BOM 表、生产材料领用单、工作页、已经入库的待领用物料 12 套。

2. 工具、设备

立体仓库、电动输送带、手推车 2 辆、周转箱 4 个、生产流水线 1 套（12 个工位）。

实施步骤

步骤 1：将学生根据岗位需要，分成 5 人一小组，分别扮演信息员、仓管员和操作员的角色，具体岗位分工如表 1－1 所示。

表 1－1　立体仓库操作实训岗位分工

序号	岗位	职责要求	备注
1	信息员	按照生产材料领用单的要求，在立体仓库管理系统完成出库作业的信息处理，并向立体仓库发出操作指令	
2	仓管员	完成生产材料领用单的审批工作，对通过自动分拣系统分拣输送到出口处的物料进行复核，然后交与对应的操作员	由组长兼任
3	操作员 1	负责将从出口 1 处输送出来的物料运送到生产岗位 9～12	
4	操作员 2	负责将从出口 2 处输送出来的物料运送到生产岗位 5～8	
5	操作员 3	负责将从出口 3 处输送出来的物料运送到生产岗位 1～4	

步骤 2：发放工作页，结合观看作业过程操作视频，老师对任务要求进行说明。

步骤 3：以小组为单位，各工作小组在组长的指导下组织完成实训任务。工作页（工作记录）如表 1－2 所示。

表 1－2　　工作页（工作记录）

班别		姓名		学号	
项目名称		工作内容			
工作岗位		作业员			
项目组		负责人（组长）			
小组成员					
工作过程：					
工作反思（小结）：					
项目组评定：					
教师点评：					

注：按照以上步骤进行小组内的角色轮换扮演，小组各成员进行不同岗位的操作训练。

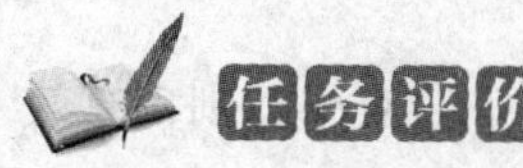

自动化立体仓库操作实训任务评价如表 1－3 所示。

表 1－3　　自动化立体仓库操作实训任务评价

客户名称：		组别：			成员：	
	项　　目	分值（分）	自我评价（30%）	其他组评价（40%）	教师评价（30%）	合计（100%）
考核标准	作业分工情况、准备工作	10				
	信息员操作情况	15				
	配送员操作情况	10				
	仓库主管操作情况	10				
	生产岗位物料配送准确	15				
	作业流程完整，没有遗漏	10				
	岗位职责明确，适应能力强	10				
	人员分工明确，各部门协作性好	10				
	仓管“5S”管理规范	10				
合　计		100				

自动化立体仓库的存储功能强大，可以极大地提高存储效率，在使用过程中能节省人力、物力，但其建设成本比较高，需要投入大量的人力和物力，并不是每个企业都必须建设的。自动化立体仓库的建设有一定的制约因素，所以在建设前必须要对其适用性进行充分的论证。请查阅相关书籍资料或者借助网络，了解以下几方面的内容。

① 自动化立体仓库的适用条件。

② 自动化立体仓库的基建及公用工程设施包括哪些。

③ 自动化立体仓库的种类。

任务二　看板生产物流实训

任务目标

1. 通过操作实训，学生可以熟知“看板管理”在流水线作业中的应用细则，有效地掌握流水线物流管理技能。

2. 通过操作实训，学生可以较好地培养团队合作意识，在完成工作任务过程中掌握良好的沟通技能。

任务描述

东莞昌龙玩具厂 1 号生产线，按照生产计划，需要完成美森（国际）玩具有限公司的生产订单组装玩具一批，要求每周生产量为 10 件。在通过立体仓库半自动配送作业完成了生产岗位原材料配送后，安排生产工人完成流水线作业。在作业过程中，注意确保各工作岗位之间半成品的交接流畅性。

一、相关知识

（一）生产物流的概念

生产物流是指伴随企业内部生产过程的物流活动，即按照工厂布局、产品生产过程和工艺流程的要求，实现原材料、配件、半成品等物料在工厂内部供应库与车间、车间与车间、工序与工序、车间与成品库之间流转的物流活动。具体可以描述为：将原材料、半成品投入生产后，按照规定的工艺路线，从一个工段流入另一个工段，在此过程中，物流不断改变自己的实物形态和场所位置，最后形成产成品。

（二）看板管理

1. 看板管理的概念

看板管理是把看板作为“生产指令”“取货指令”“运输指令”，用以控制生产量和调节生产计划的一种方法，是生产物流管理中常用的模式。它是在生产过程中，由下道工序（要货单位）根据看板卡片规定的品种、数量、时间，到上道工序（供货单位）领取原材料、零部件，确保各生产环节准时、合理、协调地进行生产的一种控制方法。

所谓看板就是一种作为信号性或指令性的传递卡片，应用于生产过程的各个环节，是控制和掌握零部件在各生产环节之间的生产时间、数量、进程的一种凭证依据。看板管理的特点是，把原先由前工序向后工序送货制，改成后工序向前工序取货制，去掉了生产工序间不必要的储存零件，去掉了不必要的车间之间的中间性仓库内的储存零件，达到了准时化生产要求，减少生产资金占用，提高生产效率。采用看板管理法控制零部件生产，要求厂内每一个后工序在必要的时间向前工序去取必要的零部件品种、必要的零部件数量，而前工序即时按被后工序取走的那部分零部件的品种和数量进行生产。

2. 看板管理的基本原理

看板是一种能够调节和控制在必要时间生产出必要数量产品的管理手段，是对各制造过程进行管理的咨询系统。看板管理的理论依据是：工厂生产的目的是为了满足用户的需求，没有用户就没有生产必要。以此推论，在企业内部，最后的工序是为了满足用户的需求，最后工序生产的需要也等于用户的需要。看板方式反传统的由前工序向后工序选货的制度改为后工序向前工序取货的制度，并通过看板将前后工序连在一起。取货的原则是：在必要的时候只取必要的品种和数量。从最后一道工序开始，步步向前追溯，直到原材料准备部门控制整个生产过程的在制品流转。等每个生产部门和工作岗位都连锁般地同步起来，使现场物流处于最佳状态，做到“准时领取”“准时运送”和“准时生产”。

3. 看板管理的作用

看板管理作为控制生产物流的一种手段，它的作用有以下几方面。

（1）实现生产稳定化、标准化和准时化。在必要的时候，只生产必要的数量和品种。在多品种生产条件下，达到品种、产量、工时、设备负荷全面均衡。

(2) 防止“过量制造”和“过量运送”。由于不见看板不生产，不见看板不运送，所以，可防止过多生产，减少不必要的在制品。

(3) 看板自动微调，能适应市场的厂内生产动态变化。看板在一定范围内能自动进行计划微调，不至于造成计划的僵化。

(4) 作为目视管理的工具，看板能反映出生产过程的基本状况。看板上记载着产品的零部件的放置情况，反映出库存、工作程序、搬运作业的进展状况。

二、材料与工具、设备

1. 材料

生产 BOM 表、材料领用单、工作页、已经入库的待领用物料 12 套、纸箱 10 个、封口胶 1 卷、包装带 1 卷。

2. 工具、设备

立体仓库、手推车 2 辆、周转箱 4 个、生产流水线 1 套（12 个工位）、工位作业指导书（12 份）、半自动打包机 1 台

工位作业指导书如图 1－1 至图 1－12 所示。

工位序号：01
标准用量：1套

工序名称：电源主板组装

物料名称	规格型号	数量
电源主板	—	1
电池	5号	1

参考图片：半成品

作业步骤：

① 拆开电源盒盖

② 装入5号电池（注意正负极）

③ 盖回盒子

图 1－1　工位作业指导书（1）

工位序号：02
标准用量：1套

工序名称：模块组装1

物料名称	规格型号	数量
方形模块	—	7

参考图片1：半成品

参考图片2：组装半成品

作业步骤：

① 先组装半成品

② 将电源主板装入组装好的半成品，见参考图片2

图1－2 工位作业指导书（2）

工位序号：03
标准用量：1套

工序名称：模块组装2

物料名称	规格型号	数量
方形模块	—	7

参考图片1：半成品

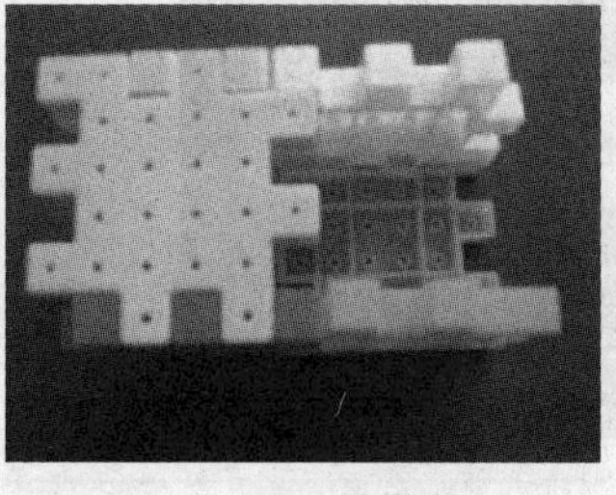

参考图片2：组装半成品

作业步骤：

① 先组装半成品

② 将半成品与模块组装1进行拼接，见参考图片2

图1－3 工位作业指导书（3）

工位序号：04
标准用量：1套

工序名称：模块组装3

物料名称	规格型号	数量
方形模块	—	5

参考图片1：半成品

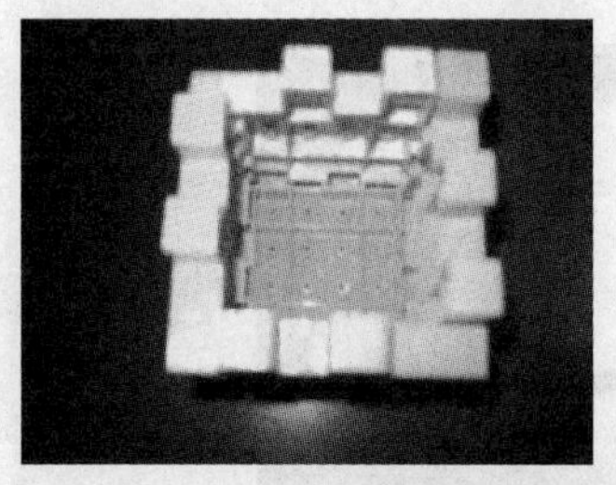

参考图片2：组装半成品

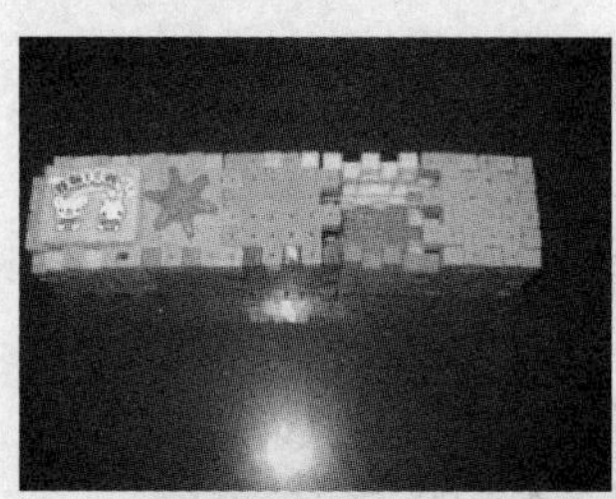

作业步骤：

① 先组装半成品

② 将半成品装入模块组装2，见参考图片2

图1－4　工位作业指导书（4）

工位序号：05
标准用量：1套

工序名称：模块组装4

物料名称	规格型号	数量
方形模块	—	5

参考图片1：半成品

参考图片2：组装半成品

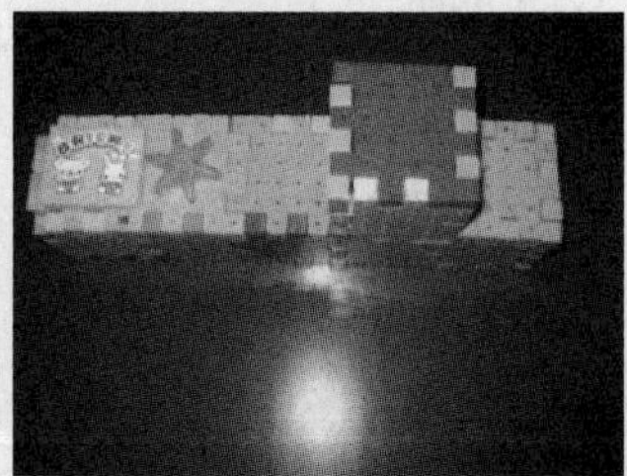

作业步骤：

① 先组装半成品

② 将半成品装入模块组装3，见参考图片2

图1－5　工位作业指导书（5）

工位序号：06
标准用量：2套

工序名称：小塑胶齿轮1组装

物料名称	规格型号	数量
轴承	—	1
齿轮	小	1

参考图片1：半成品

参考图片2：组装半成品

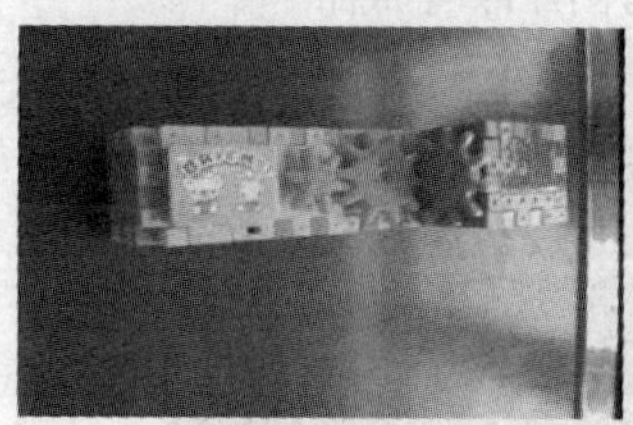

作业步骤：

① 先组装半成品

② 将小塑胶齿轮装入组装好的半成品，见参考图片2

图1－6　工位作业指导书（6）

工位序号：07
标准用量：1套

工序名称：大塑胶齿轮1组装

物料名称	规格型号	数量
轴承	—	2
齿轮	大	2

参考图片1：半成品

参考图片2：组装半成品

作业步骤：

① 先组装半成品

② 将大塑胶齿轮装入组装好的半成品，见参考图片2

图1－7　工位作业指导书（7）

工位序号：08
标准用量：1套

工序名称：手摇齿轮组装

物料名称	规格型号	数量
轴承	—	2
手摇手柄	—	1
齿轮	中	1

参考图片1：半成品

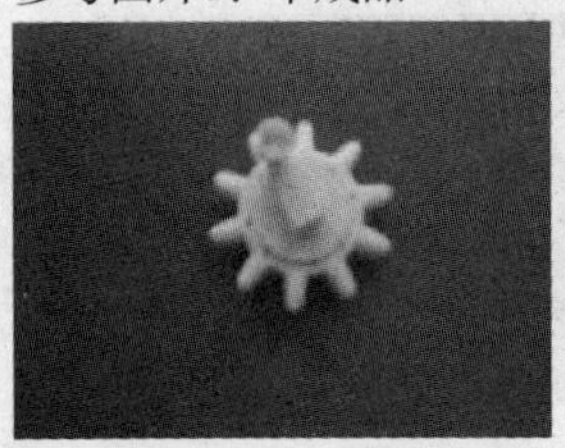

参考图片2：组装半成品

作业步骤：

① 先组装半成品

② 将手摇齿轮装入组装好的半成品，见参考图片2

图1-8　工位作业指导书（8）

工位序号：09
标准用量：1套

工序名称：旋转座椅组装

物料名称	规格型号	数量
支架	—	1
座椅	—	3
轴承	—	1

参考图片1：半成品

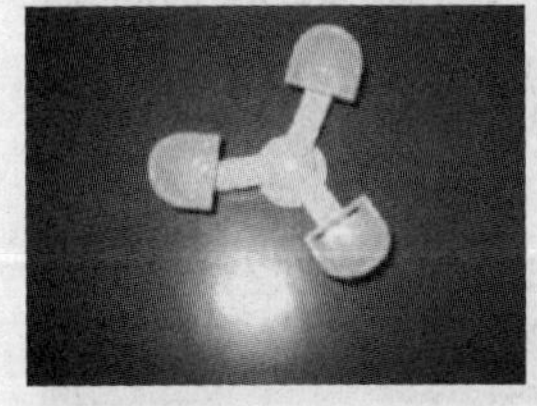

参考图片2：组装半成品

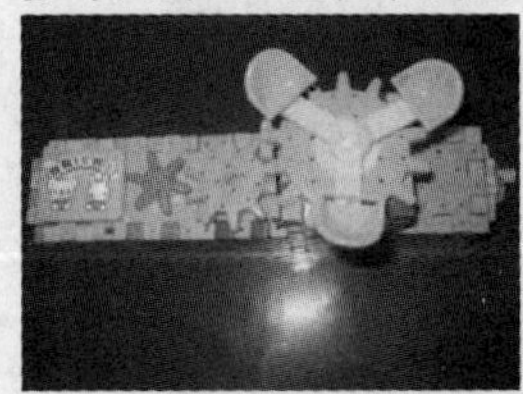

作业步骤：

① 先组装半成品

② 将旋转座椅装入组装好的半成品，见参考图片2

图1-9　工位作业指导书（9）

工位序号：10　　　　工序名称：小塑胶齿轮2组装
标准用量：2套

物料名称	规格型号	数量
齿轮	中	2
轴承	—	2

参考图片1：半成品

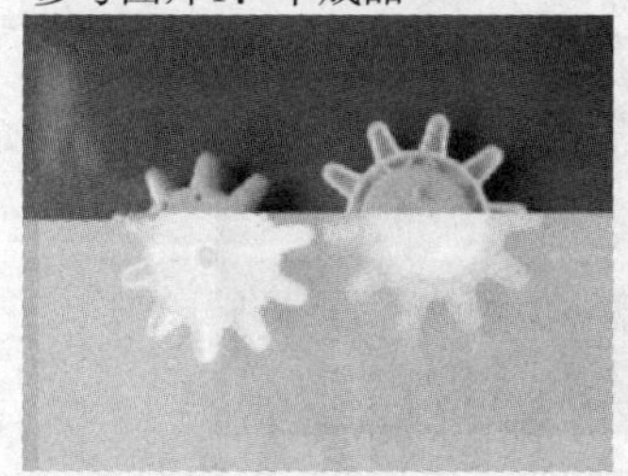

参考图片2：组装半成品

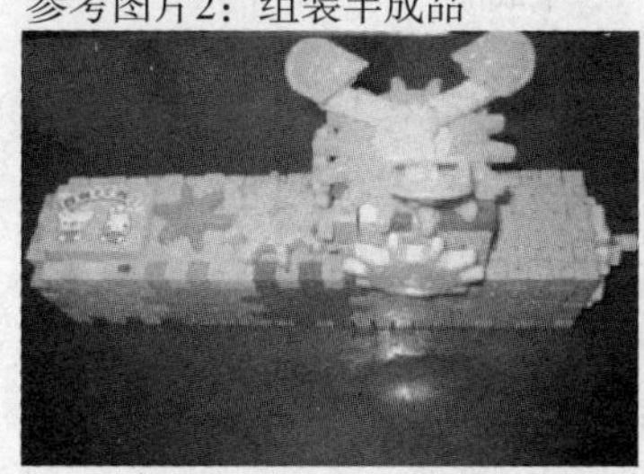

作业步骤：

① 先组装半成品

② 将小塑胶齿轮2装入组装好的半成品，见参考图片2

图1-10　工位作业指导书（10）

工位序号：11　　　　工序名称：左车轮组装
标准用量：2套

物料名称	规格型号	数量
齿轮	大	2
轴承	—	2

参考图片1：半成品

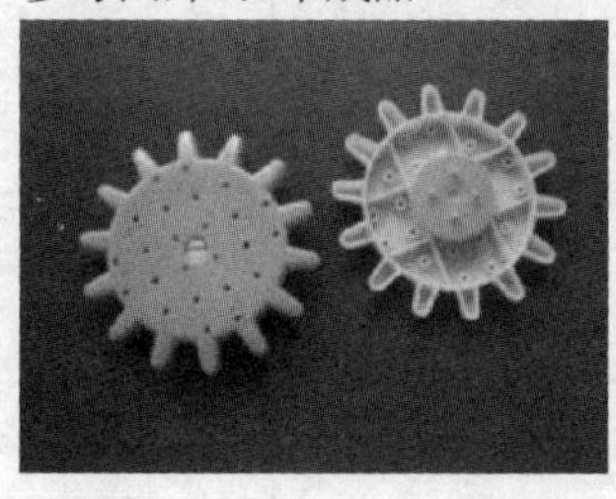

参考图片2：组装半成品

作业步骤：

① 先组装半成品

② 将左车轮装入组装好的半成品，见参考图片2

图1-11　工位作业指导书（11）

工位序号：12
标准用量：2套

工序名称：右车轮组装

物料名称	规格型号	数量
齿轮	大	2
轴承	—	2

参考图片1：半成品

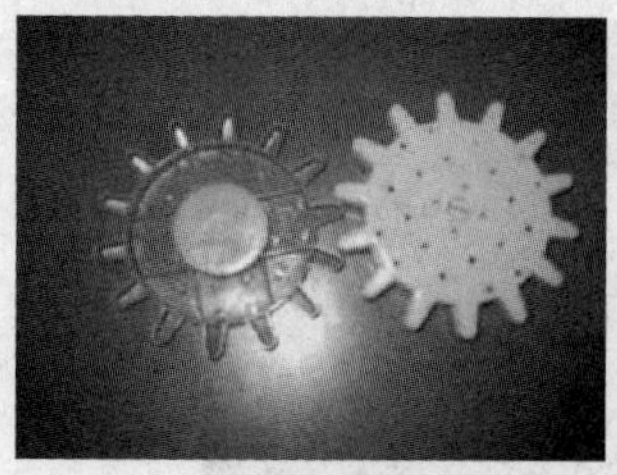

参考图片2：组装半成品

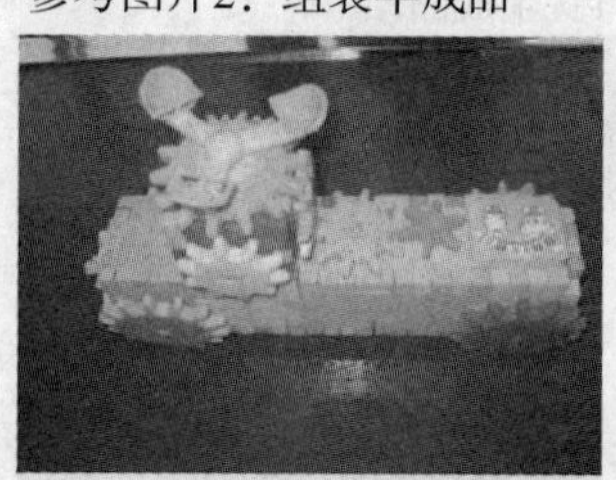

作业步骤：

① 先组装半成品

② 将右车轮装入组装好的半成品，见参考图片2

图1-12　工位作业指导书（12）

实施步骤

步骤1：将学生根据岗位需要，分成14人一小组，具体岗位分配如表1-4所示。

表1-4　看板生产物流实训岗位分工

序号	岗位	职责要求	备注
1	生产线组长	根据生产BOM表，合理地分配工作任务，并妥善地组织组员按照看板要求进行生产，保证本组成员有效地完成看板生产物流实训任务	可以由原来分配担当信息员角色的同学负责
2	仓管员	将生产线上完成的产品进行包装、装箱后，搬运到入库暂存区	承接12号工位的操作
3	操作员1	按照看板要求，完成1号工位的组装操作，并将完成的半成品传送给下一工位	
4	操作员2	按照看板要求，完成2号工位的组装操作，并将完成的半成品传送给下一工位	
5	操作员3	按照看板要求，完成3号工位的组装操作，并将完成的半成品传送给下一工位	

续 表

序号	岗位	职责要求	备注
6	操作员 4	按照看板要求，完成 4 号工位的组装操作，并将完成的半成品传送给下一工位	
7	操作员 5	按照看板要求，完成 5 号工位的组装操作，并将完成的半成品传送给下一工位	
8	操作员 6	按照看板要求，完成 6 号工位的组装操作，并将完成的半成品传送给下一工位	
9	操作员 7	按照看板要求，完成 7 号工位的组装操作，并将完成的半成品传送给下一工位	
10	操作员 8	按照看板要求，完成 8 号工位的组装操作，并将完成的半成品传送给下一工位	
11	操作员 9	按照看板要求，完成 9 号工位的组装操作，并将完成的半成品传送给下一工位	
12	操作员 10	按照看板要求，完成 10 号工位的组装操作，并将完成的半成品传送给下一工位	
13	操作员 11	按照看板要求，完成 11 号工位的组装操作，并将完成的半成品传送给下一工位	
14	操作员 12	按照看板要求，完成 12 号工位的组装操作，并将完成的成品传送到产成品暂存区	传送给仓管员

步骤 2：发放工作页（见表 1 –5），结合观看作业过程操作视频，老师对任务要求进行说明。

步骤 3：以小组为单位，各工作小组在组长的指导下，组织完成实训任务。

表 1 –5　　工作页（工作记录）

班别		姓名		学号	
项目名称			工作内容		
工作岗位			作业员		
项目组			负责人（组长）		
小组成员					
工作过程：					
工作反思（小结）：					
项目组评定：					
教师点评：					

注：按照以上步骤进行小组内的角色轮换扮演，小组各成员进行不同岗位的操作训练。

任务评价

看板生产物流实训任务评价如表 1－6 所示。

表 1－6　　看板生产物流实训任务评价

<table>
<tr><td colspan="4">客户名称：</td><td colspan="2">组别：</td><td>成员：</td></tr>
<tr><td></td><td>项　目</td><td>分值
（分）</td><td>自我评价
（30%）</td><td>其他组评价
（40%）</td><td>教师评价
（30%）</td><td>合计
（100%）</td></tr>
<tr><td rowspan="9">考
核
标
准</td><td>作业分工情况、准备工作</td><td>10</td><td></td><td></td><td></td><td></td></tr>
<tr><td>信息员操作情况</td><td>15</td><td></td><td></td><td></td><td></td></tr>
<tr><td>配送员操作情况</td><td>10</td><td></td><td></td><td></td><td></td></tr>
<tr><td>仓库主管操作情况</td><td>10</td><td></td><td></td><td></td><td></td></tr>
<tr><td>生产岗位物料配送准确</td><td>15</td><td></td><td></td><td></td><td></td></tr>
<tr><td>作业流程完整，没有遗漏</td><td>10</td><td></td><td></td><td></td><td></td></tr>
<tr><td>岗位职责明确，适应能力强</td><td>10</td><td></td><td></td><td></td><td></td></tr>
<tr><td>人员分工明确，各部门协作性好</td><td>10</td><td></td><td></td><td></td><td></td></tr>
<tr><td>仓管“5S”管理规范</td><td>10</td><td></td><td></td><td></td><td></td></tr>
<tr><td colspan="2">合　计</td><td>100</td><td></td><td></td><td></td><td></td></tr>
</table>

拓展提升

看板管理按其应用范围，可分为厂内看板和外协看板两大类，厂内运行看板又称“工序内看板”。它在本工序、本工段、本车间内运行，是工序或工段或车间内的指令。厂内运行看板一般分为两种，即在制品看板和信号看板。

1. 在制品看板

在制品看板是指指示前道工序加工制造一定数量在制品时用的看板。一般适用于流水线之间和流水线与仓库之间。在批量生产条件下，一般适用于车间之间或作业组之间。这种通常是塑料夹内装卡片的形式。卡片上的主要内容有：产品名称、零件号、零件名称、每台件数、生产量、生产时间、生产方法、运送量、运送时间、运送目的地、存放地点、运送工具、运送容器及运送件数等。

2. 信号看板

信号看板指按订货顺序进行生产时，正在按计划批量进行生产的各种可作为指令的东西。一般适用于生产线内部或相邻工序之间，它的形式多种多样，可以是卡片、料箱，也可以是用管道、导轨或天线传递的各种形式的铁片等有标志性的物品。生产线上流动的式样还有以小球、指示灯当看板的；此外还有利用装零件的工位器具当看板的，凡是工位器具内的零件用完了，就以空的工位器具当取货看板去取货。总之，凡是能作为信号式、指令式的可以看得清楚、明白的东西都可以作为信号看板。

外协看板，是在主机厂（订货厂）与外协厂（供应厂）之间运行，指导外协厂送货的指令。外协看板，一般都是用塑料夹内装卡片的形式，根据企业应用电子计算机的情况，也有在卡片中间带横条，以横条为代码进行记账、结算的。

看板按其使用要求的不同有不同的内容。但基本内容主要包括：零件号、零件名称、上工序名称、下工序名称、本工序名称、生产时间、生产方法、运送时间、运送数量、使用工位器具、容量等。

思考：根据实训操作的情况，请对照分析：模拟实训操作中所使用的管理模式属于哪一种看板管理？实行该看板管理需要遵循哪些原则？

项目二　入库作业实训

货物的入库作业是仓储作业的开始。入库作业是指仓储部门按照存货方的要求合理组织人力、物力等资源，按照入库作业程序，认真履行入库作业各环节的职责，及时完成入库任务的工作过程。货物入库作业的整个过程包括货物接运、货物入库验收、办理入库交接手续、入库上架、货物储存等一系列业务活动。

任务目标

1. 了解库房规划的基本方法。
2. 掌握库房里储位的管理工作。
3. 能完成入库单制作与打印。
4. 根据货物的要求完成堆码作业。
5. 能熟练操作仓储设备。
6. 能完成指定货物入库上架作业。

项目背景

东莞市加德物流有限公司选址完成，在该地承包一个面积为 1200m^2（40m × 30m）。现要对其库房进行规划并对里面的储位进行有效的管理，并在投入使用后，能完成客户的货物的入库储存业务，通过使用 WMS 系统，根据客户提供的入库采购单完成货物的入库作业，并对实体货物进行上架作业等操作。

任务一　库房规划及储位管理实训

库房规划实训

1. 能够合理规划物流中心库房。
2. 学会库房的动线设计。

3. 能够判断库房布局的合理性，提出修改、优化方案。

任务描述

东莞市加德物流公司为一家第三方物流公司，需建设一个物流中心，通过选址后，承包了一个面积为1200m^2（40m×30m）的物流中心，如图2－1所示。该公司主要承接四喜日用品贸易有限公司的日用品货物的物流业务，以仓储业务为核心，提供货物在室内的配送、运输、储存等服务。产品出入库作业流程是：预检→验货→收货→入库上架→储存→拣货→集货→出货装车→送货，所需要的布局区域包括入库暂存区、分货区、集货区、货架暂存区、拆零区、流通加工区、出货合流区、返品处理区、单据处理室等。

请根据以上提供的信息对该物流中心的仓库布局进行设计。

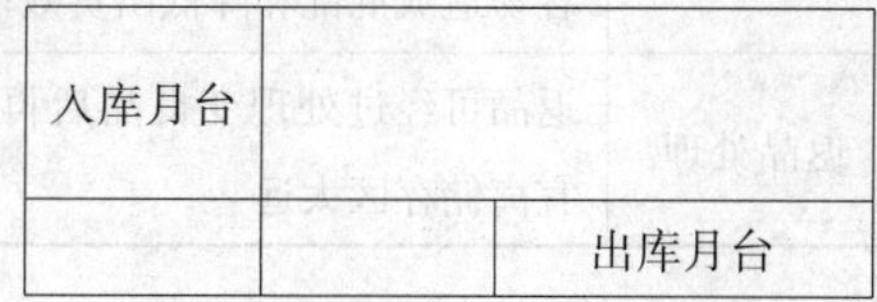

图2－1　物流中心平面示意

任务准备

一、相关知识

1. 物流中心的功能区域分析

物流中心的作业流程要设计合理，首先应该依托于合理的功能区域规划，因此，对库房进行规划，首先应该对功能区域进行分析。一般而言，物流中心的功能区域应该包括：行政办公区、入库月台、入库暂存区、入库验收区、存储区、拣货分货区、流通加工区、出货合流区、出库月台、返品处理区，如表2－1所示。

表2－1　物流中心功能区域划分

业务流程	区域	作业	规划说明
订单处理	行政办公区	接单	可集中在某区域，也可根据职能分散设置
		库存管理	
接收作业	入库月台	预收货	设在暂存区外，紧靠暂存区
	入库暂存区	验收	主要是在预收货物时，进行盘点、核对数量、检查品质。因此，所需要的区域不需要很大，可以跟入货月台连接或者在月台划分一个区域
	入库验收区	卸货	

续 表

业务流程	区域	作业	规划说明
上架作业	存储区	入库上架	货物主要存放的区域，一般所停留的时间在整个区域中时间最长，所占面积应该较大，可以占到物流中心面积的 50% 以上
仓储与库存	存储区	库存管理	
		盘点作业	
补货和拣货	拣货分货区	补货	紧靠集货区，一般与集货区顺向布局，保持通道的畅通
		拣选	
流通加工	流通加工区	包装、贴标签	面积不用很大，紧靠出货月台布局
	出货合流区	复核、合流	
出货作业	出库月台	点货上车	出货的效率要高，出货的月台数量应该比较多，所占面积也应该较大，尽量安排不要与入货月台方向一致，容易造成混乱和降低出货效率
返品作业	返品处理区	返品处理	返品可经过处理变良品后再次进入存储区，因此不适宜离储存区太远

2. 物流中心的区域面积规划

物流中心区域面积的划分可根据不同企业的实际情况进行不同的划分，但原则上可参考表 2－2 物流中心的区域面积划分。

表 2－2　　物流中心的区域面积划分

区域	特点	区域面积划分
行政办公区	由办公室人数决定面积	所占面积较少，但为刚性需求
验收区	由批次、进库的货物量决定面积	
入库月台		
入库暂存区		
存储区	由货物的存储量和货物的分类决定面积	所占面积较大，应该占 50% 以上
拣货分货区	由货物的品项决定面积	所占面积不大
流通加工区	由批次、出库的货物量决定面积	所占面积中等，应该占 30% 左右，紧靠出货月台布局
出货合流区		
出货月台		
通道	根据叉车的回转半径等决定通道的宽度	尽量合理设置通道的数量

3. 物流中心动线分析与设计

在划分了物流中心的区域和设定了面积之后，接下来很重要的一项工作就是要确定这些区域的相对位置。库内动线的设置是由物流中心的作业流程决定的。动线原是室内设计和建筑中的用语之一，是指人在室内室外移动的点，连起来就成为了动线。在物流领域，动线是指货物在仓库中从货物的入库作业开始到出库作业这两点所连成的移动轨迹，而动线的优化设计能够提高物流中心的作业速度，顺利利用动线的流转优化区域的划分，是物流中心检验区域设置是否合理的重要衡量标准。动线设计的基本原则是“不迂回，不交叉”。“不迂回”的含义是指防止无效的搬运，“不交叉”是指动线设计不冲突。严格意义上的动线设计最优方案是指通过最短距离原则进行动线设计。但是，在一味追求距离最短的时候，往往由于标准过于单一而导致设计指标不合理，在实际操作中可实施性不高。因此，在如今的物流中心中，主要使用的动线设计主要有三种基本形式。

（1）U 形动线。U 形动线是指在仓库的同一侧设有相邻的入库月台和出库月台。其工作的作业特点是适合越库作业的进行，载货车辆使用同一个通道进行货物的进出，在防盗问题上比较容易控制，适合仓库面积为长方形的物流中心。如图 2－2 所示。

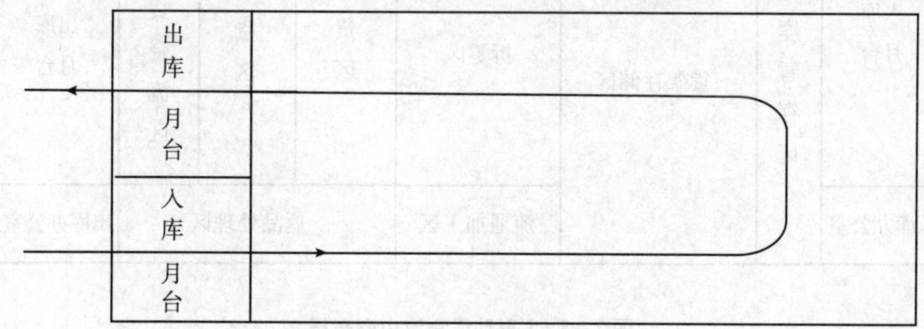

图 2－2 U 形动线

典型的 U 形动线物流中心布局如图 2－3 所示。

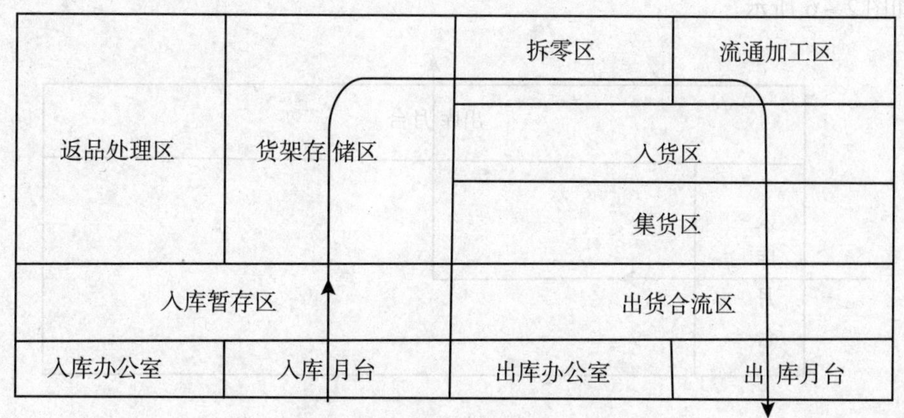

图 2－3 U 形动线物流中心布局

（2）I 形动线。I 形动线是指入库月台和出库月台分别位于物流中心的两侧位置。其特点是：能够有效应对进出货高峰同时发生的情况，适合于相邻加工厂的货物，货物用不同类型车辆进行出货和入货。如图 2－4 所示。

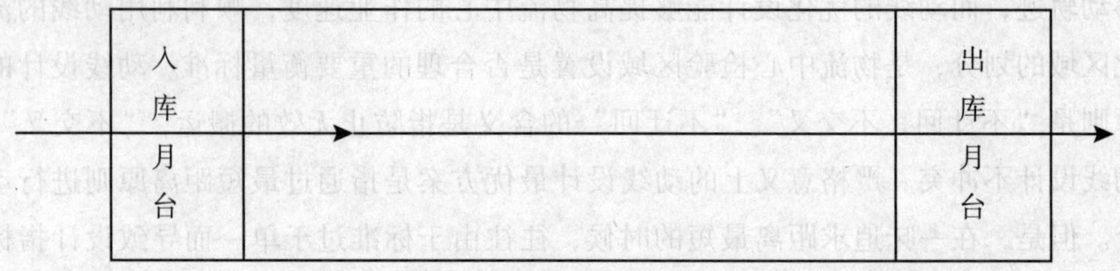

图 2－4　I 形动线

典型的 I 形动线物流中心布局如图 2－5 所示。

入库月台	入库暂存区	货架存储区	拆零区	分货区	集货区	出货合流区	出库月台
入库办公室			流通加工区	返品处理区			出库办公室

图 2－5　I 形动线物流中心布局

（3）L 形动线。L 形动线是指进出库月台分别位于物流中心相邻两边。需要快速处理货物的物流中心一般会采用 L 形动线，L 形动线把货物出入物流中心的路径缩到了最短。如图 2－6 所示。

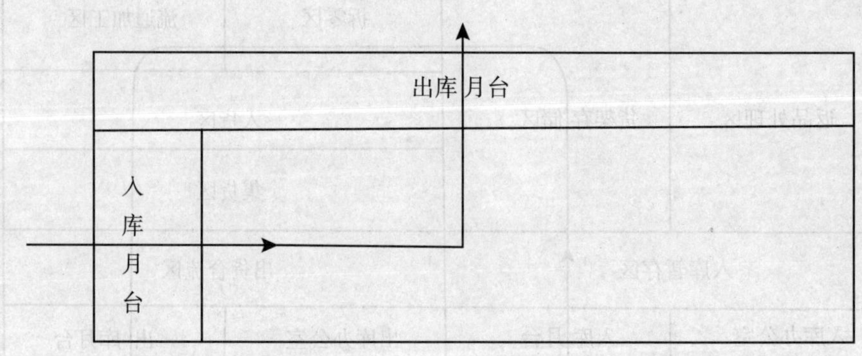

图 2－6　L 形动线

典型的L形动线物流中心布局如图2－7所示。

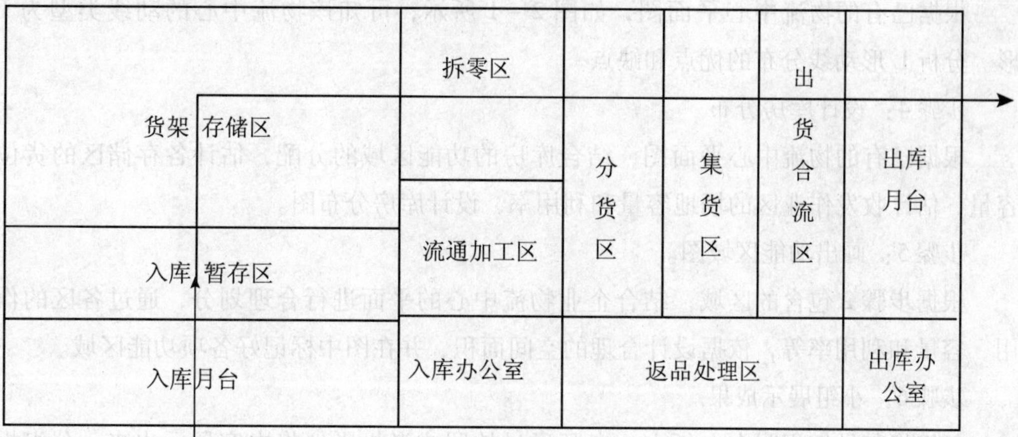

图2－7 L形动线物流中心布局

L形动线的特点有以下几点。

（1）可以应对进出货高峰同时发生的情况。

（2）适合越库作业。

（3）可同时处理“快流”和“慢流”的货物。

二、材料与工具

（1）分组学生6人一组，每组人数根据教学对象实际情况确定，每组选一个组长。

（2）每组分发画图工具，包括白纸、铅笔、直尺、橡皮等，根据案例进行库房设计。

实施步骤

步骤1：仓库条件分析。

分析仓库的条件，需要对该物流中心的布局进行设计，通过任务描述得知，东莞市加德物流公司建设的物流中心的出入方向已经确定，出库月台和入库月台的位置也是确定的。在工作页上绘制东莞市加德物流公司的出库月台和入库月台的物流中心平面图。

步骤2：确定库房的功能区域。

仓库一般分为三大区域：行政生活区、生产作业区、辅助生产区。其中，生产作业区又可分为存储区（堆垛区、货架区）、收货区、发货区、见货区等。

根据企业的经营需要，所涉及的区域包括：行政办公区、入库月台、入库暂存区、入库验收区、存储区、拣货分货区、流通加工区、出货合流区、出库月台、返品处理区等。

分析和简单描述不同功能区域的关系和作用。

步骤3：确定动线类型。

根据已有的物流中心平面图，如图2－1所示，可知该物流中心的动线类型为L形。分析L形动线分布的优点和缺点。

步骤4：设计库房分布。

根据已有的物流中心平面图，结合库房的功能区域的分配，估计各存储区的货位容量，估计收发作业区的场地容量和利用率，设计库房分布图。

步骤5：画出功能区域图。

根据步骤2包含的区域，结合企业物流中心的平面进行合理划分，通过各区的作用、容量和利用率等，依据设计合理的空间面积，并在图中标记好各项功能区域。

步骤6：小组展示成果。

每组将归纳知识写在白纸上，老师通过拍照或者投影仪将内容展示出来。分组根据所学的知识进行展示，将涉及的库房的功能区域和各分配的位置进行展示，并通过小组展示的形式，派学生代表上台进行发言，将库房的设计情况进行陈述和展现。小组互评，判断该仓库布局是否合理，找出原因，并提出改进方案。

步骤7：小组互评、检查设计结果。

各小组展示的成果完成后，组内的成员根据库房的设计进行相互打分，最后通过检查核对总数据，讨论设计的合理性，并轮流分析各小组的设计，并提出修改方案。

仓库布局主要依据有以下几点：

①减少装卸搬运次数，缩短搬运距离；

②尽量节省投资，使用平面库房；

③尽量减少通道所占用的空间；

④尽量利用仓库的高度和货位空间；

⑤符合安全要求。

步骤8：老师点评。

结合小组互评结果老师给予评价。

每小组通过工作页进行工作分配（见表2－3）。

表2－3　工作页（工作记录）

班别		姓名		学号	
项目名称			工作内容		
工作岗位			作业员		
项目组			负责人（组长）		
小组成员					

续 表

班别		姓名		学号	
工作过程：					
工作反思（小结）：					
项目组评定：					
教师点评：					

任务评价

库房规划实训任务评价如表 2－4 所示。

表 2－4　　库房规划实训任务评价

组别：		姓名：			成员：	
	项　目	分值（分）	自我评价（30%）	其他组评价（30%）	教师评价（40%）	合计（100%）
考核标准	积极参与分组，合作好	10				
	库房功能区域设置合理度	20				
	库房动线优缺点分析	20				
	小组作品	15				
	小组展示表现	25				
	仓管“5S”管理规范	10				
合　计		100				

注：考核满分为 100 分。60 分以下为不及格；60～69 分为及格；70～79 分为中等；80～89 分为良好；90 分以上为优秀。

拓展提升

物流中心选址的原则及影响因素

物流中心选址是指在一个具有若干供应网点及若干需求网点的经济区域内，选一个地址设置物流中心的规划过程。较好的物流中心选址方案是使货物通过物流中心的汇集、中转、分发，直至输送到需求网点的全过程的效益最好。因此，物流中心选址对物流中心的经营影响很大，物流中心选址的过程除了需要考虑货物分布、数量、运输条件等主要因素外，还要考虑其他因素的影响。

一、物流中心选址的原则

物流中心的选址过程应同时遵守适应性原则、协调性原则、经济性原则和战略性原则。

1. 适应性原则

物流中心的选址须与国家及省市的经济发展方针、政策相适应，与我国物流资源分布和需求分布相适应，与国民经济和社会发展相适应。

2. 协调性原则

物流中心的选址应将国家的物流网络作为一个大系统来考虑，使物流中心的设施设备在地域分布、物流作业生产力、技术水平等方面互相协调。

3. 经济性原则

物流中心发展过程中，有关选址的费用，主要包括建设费用及物流费用（经营费用）两部分。物流中心的选址定在市区、近郊区或远郊区，其未来物流活动辅助设施的建设规模及建设费用，以及运费等物流费用是不同的，选址时应以总费用最低作为物流中心选址的经济性原则。

4. 战略性原则

物流中心的选址应具有战略眼光。一是要考虑全局，二是要考虑长远。局部要服从全局，目前利益要服从长远利益，既要考虑目前的实际需要，又要考虑日后发展的可能。

二、物流中心选址的影响因素分析

运用现代物流学原理，在城市现代物流体系规划过程中，物流中心的选址主要应考虑以下因素。

1. 自然环境因素

（1）气象条件。物流中心选址过程中，主要考虑的气象条件有温度、风力、降水量、无霜期、冻土深度、年平均蒸发量等指标。例如，选址时要避开风口，因为在风口建设会加速露天堆放的货物老化。

（2）地质条件。物流中心是大量货物的集结地。某些容重很大的建筑材料堆码起来会对地面造成很大压力。如果物流中心地面以下存在淤泥层、流砂层、松土层等不良地质条件，会在受压地段造成沉陷、翻浆等严重后果，因此，土壤承载力要高。

（3）水文条件。物流中心选址需远离容易泛滥的河川流域与上溢的地下水区域。要认真考察近年的水文资料，地下水位不能过高，洪泛区、内涝区、故河道、干河滩等区域绝对禁止。

（4）地形条件。物流中心应地势高亢、地形平坦，且应具有适当的面积与外形。

选在完全平坦的地形上是最理想的；其次选择稍有坡度或起伏的地方；对于山区陡坡地区则应该完全避开；在外形上可选长方形，不宜选择狭长或不规则形状。

2. 经营环境因素

（1）经营环境。物流中心所在地区的优惠物流产业政策对物流企业的经济效益将产生重要影响；数量充足和素质较高的劳动力条件也是物流中心选址考虑的因素之一。

（2）货物特性。经营不同类型货物的物流中心最好能分别布局在不同地域。如生产型物流中心的选址应与产业结构、产品结构、工业布局紧密结合进行考虑。

（3）物流费用。物流费用是物流中心选址的重要考虑因素之一。大多数物流中心选择接近物流服务需求地，例如接近大型工业、商业区，以便缩短运输距离，降低运费等物流费用。

（4）服务水平。服务水平是物流中心选址的考虑因素。由于现代物流过程中能否实现准时运送是服务水平高低的重要指标，因此，在物流中心选址时，应保证客户在任何时候向物流中心提出物流需求，都能获得快速满意的服务。

3. 基础设施状况

（1）交通条件。物流中心必须具备方便的交通运输条件。最好靠近交通枢纽进行布局，例如，紧临港口、交通主干道枢纽、铁路编组站或机场，由两种以上运输方式相连接。

（2）公共设施状况。物流中心的所在地，要求城市的道路、通信等公共设施齐备，有充足的供电、水、热、燃气的能力，且场区周围要有污水处理能力和固体废物处理能力。

4. 其他因素

（1）国土资源利用。物流中心的规划应贯彻节约用地、充分利用国土资源的原则。物流中心一般占地面积较大，周围还需留有足够的发展空间，因此地价的高低对布局规划有重要影响。此外，物流中心的布局还要兼顾区域与城市规划用地的其他要素。

（2）环境保护要求。物流中心的选址需要考虑保护自然环境与人文环境等因素，尽可能降低对城市生活的干扰。对于大型转运枢纽，应适当设置在远离市中心的地方，使得大城市交通环境状况能够得到改善，城市的生态建设得以维持和增进。

（3）周边状况。由于物流中心是火灾重点防护单位，不宜设在易散发火种的工业设施（如木材加工、冶金企业）附近，也不宜选择居民住宅区附近。

储位管理实训

任务目标

1. 懂得储位管理的方法和原则。

2. 能够对储位进行合理地管理。

任务描述

东莞市加德物流公司为一家第三方物流公司，需建设一个物流中心，通过选址后，承包了一个面积为1200m^2（40m×30m）的物流中心。该公司主要承接四喜日用品贸易有限公司的日用品货物的物流业务，以仓储业务为核心，提供货物在室内的配送、运输、储存等服务，在公司共有两个仓库，分别是仓库1和仓库2。

请根据以上提供的信息结合货物信息对该物流中心的仓库进行储位管理。仓库内所有的货位还没有进行编号，需按一定的原则进行储位编码，如表2－5所示。

表2－5　货物信息

单号：150913001				客户名称：四喜日用品贸易有限公司			
日期：2015.09.13				客户地址：广东省东莞市万江区石美加洲花园103号			
货物名称	外包装种类	数量	内包装（个/箱）	外包装尺寸（cm×cm×cm）	生产批次	箱毛重（kg）	购买方
白猫洗衣粉	箱	5	20	50×30×20	20150813001	10	旺记超市
亮洁柔顺剂	箱	10	10	50×30×30	20150815003	15	旺记超市
碧丽洗洁精	箱	20	30	50×20×30	20150824003	10	旺记超市
碧彩洗衣液	箱	10	20	40×30×30	20150901006	20	旺记超市
洁丽牙膏	箱	2	50	50×20×20	20150806005	10	旺记超市
小太阳洗衣粉	箱	5	20	40×30×20	20150725009	10	坚记便利店
妍彩护色柔顺剂	箱	5	10	40×30×25	20150728021	20	坚记便利店
洁霸超强去渍液	箱	10	15	40×30×25	20150830022	10	坚记便利店
玉兰肥皂	箱	2	100	60×30×20	20150809011	8	坚记便利店
狮王洁白牙膏	箱	2	50	40×40×30	20150901010	8	坚记便利店
高得牙刷	箱	2	100	30×30×20	20150722003	5	和记日用百货
艾雪沐浴露	箱	5	20	50×40×30	20150526004	20	和记日用百货
丝扬洗发露	箱	3	20	50×40×20	20150815008	20	和记日用百货
新花护发素	箱	4	30	40×30×20	20150718009	10	和记日用百货
贝柔婴儿沐浴露	箱	3	20	50×40×30	20150623011	20	和记日用百货
名人洁面乳	箱	4	20	20×20×20	20150522012	6	和记日用百货

一、相关知识

1. 仓库储位的分类

现代仓储管理与传统的仓储管理相比，更加注重仓储的时效性，重视货物在拣货出库时的数量位置变化，是一种动态的管理。储位管理就是利用储位来使货物处于“被保管状态”并且能够明确显示所储存的位置，同时当货物的位置发生变化时能够准确记录，使管理者能够随时掌握货物的数量、位置。

对货物进行储位管理，可以根据作业方式的不同，首先可以对储位进行分区，通常分为预备储区、保管储区和动态储区。

（1）预备储区。预备储区是货物进出仓库时的暂存区，预备进入下一保管区域。货物在此区域停留的时间不长，主要是将货物进行标识、分类，为进入下一个作业程序做准备。但是，也不能在管理上疏忽大意，给下一个作业程序带来麻烦。

在预备储区，不但要对货物进行必要的保管，还要将货物打上标识、分类，再根据要求归类，摆放整齐。目的为了在下一个作业程序中节省时间。预备储区作业效率的高低将直接影响其他储区的作业效率。预备储区又可分为进货暂存区和出货暂存区。暂存区需要先进行标示区分，配合相应颜色的看板。

对于进货暂存区，在货物进入暂存区前先分类，并且配合看板上的记录，货物依据分类或入库上架顺序，分配到预先规划好的暂存区储存。

对于出货暂存区，所要配送的货物，每一车或每一区域路线的配送货物必须排放整齐并且加以分隔，摆放在事先标示好的储位上，再配合看板上的标示，并按照出货单的顺序进行装车。

（2）保管储区。货物离开预备储区后就进入保管储区。保管储区是仓库中最大、最主要的区域，货物在此的保管时间最长，货物在此区域以比较大的存储单位进行保管，因此，是整个仓库的管理重点。为了最大限度地增大储存容量，要考虑合理运用储存空间，提高使用效率。为了对货物的摆放方式、位置及存量进行有效地控制，应考虑储位的分配方式、储存策略等是否合适，并选择合适的储放和搬运设备，以提高作业效率。

（3）动态储区。动态储区又称为动态拣货区域。这是在拣货作业时使用的区域，此区域的货物大多在短时期即将被拣取出货，其货物在储位上流动频率很高所以称为动管储区。这个区域的功能主要是满足拣货的需求，对储区货物的整理、整顿和对拣货单的处理。

为了让拣货时间及距离缩短、降低拣错率，就必须在拣取时能很方便迅速地找到货物所在位置，因此，对于储存的标示与位置指示就非常重要，而要让拣货顺利进行及拣错率降低，就得依赖一些拣货设备来完成，例如电脑辅助拣货系统（CAPS）、自动拣货系统等。

对于现在仓库大多是少量多样高频率出货的现状，一般仓库的基本作业方式已经不能满足现实需要，动态储区这一管理方式的出现恰恰符合了这一需求，其效率的评估与提高在仓库作业中已被作为重要的一部分。

2. 仓库储位管理的原则

（1）储位标识明确。储位的标识就好比为每个房子设定地址，方便邮件派送。储位标识的目的就是方便货物存放。储位标识是指先将储存区域详细划分，并加以编号，让每一种预备存储的货物都有位置可以存放。此位置必须是很明确的，而且经过储位编码。科学合理的储位编号在整个仓储管理中具有重要的作用，经过储位编码后的储位能提供储位信息的准确性，从而也提高了作业效率，减少差错。

（2）货物定位有效。依据货物保管方式的不同，应该为每种货物确定合适的储存单位、储存策略、分配规则，以及其他储存货物要考虑的因素，把货品有效的配置在先前所规划的储位上。例如冷藏的货物就该放冷藏库、流通速度快的货物就该放置在靠近出口处、香皂不应该和食品放在一起等。

（3）变动更新及时。当货物被有效地配置在规划好的储位上之后，接下来的工作就是储位的维护，也就是说货物不管是因拣货取出，或是货物被淘汰，或是受其他作业的影响，使得货物的位置或数量发生改变时，就必须及时地把变动情形加以记录，以使记录与实物数量能够完全吻合，如此才能进行管理。由于此项变动登录工作非常烦琐，仓库管理人员在繁忙的工作中会产生惰性，使得这个原则是进行储位管理中最困难的部分，也是目前各仓库储位管理作业成败的关键所在。所以现代仓储作业既依赖现代信息系统的维护和管理，也不能失去仓库管理人员的协助。

二、材料与工具

（1）分组：学生4人一组，承担仓管工作，每组人数根据教学对象实际情况确定，每组选一个组长。

（2）每组分发工具，包括白纸、铅笔、橡皮等，根据案例进行储位设置。

实施步骤

步骤1：分组讨论。通过分小组讨论共同学习仓库储位设置的原则和方法、仓库储位管理的注意事项。

步骤2：货位编号训练。

（1）观察库房结构。库房一般分为平面库房、立体库房。平面库房的结构层次一般有货区、货场、排次、垛位。立体库房的结构层次一般有库房、货架、层次、货位。利用所学的仓储知识，运用地址法对货位进行编号。

地址法是使用英文字母、汉字和数字对储位进行编号。通常的方法是按照库、架、层、储位的顺序进行编码，即采用4个数字或字母的组合分别表示某一储位所对应的库房（货场）、货架（货区）、层次（排次）、货位（垛位）。

①库房（货场）编码：用字母数字组合对已有的库房或货场顺序编号。如3个平面库房，编码为1P、2P、3P；3个立体库房，编码为1L、2L、3L。

②货架（货区）编码：一般用字母标示出是重型货架还是轻型货架。

③层次（排次）编码：用数字由下至上对货架的每层进行编号。

④货位（垛位）编码：面向货架，一般由左至右对货区各列进行顺序编号；用数字由上至下对货区各排进行顺序编号。

例如：一批矿泉水的货位编号是1P－02－4－6，这表示这批货物存放在1号平面货场的2号货区，第4列第6层。一批平板电脑存放在某仓库货架上，货位编号是3L－02L－3－4，这表示这批货物存放在3号立体仓库，2号轻型货架，第3列第4层。

（2）分组进行储位编号。四喜日用品贸易有限公司共有2个仓库，均为平面仓库，共设有9个货区，每个货区共有8列、6层。根据储位设置的原则和方法为以下产品设定储位，如表2－6所示。

表2－6 **商品信息**

货物名称	外包装种类	数量	内包装（个/箱）	外包装尺寸（cm×cm×cm）	生产批次	箱毛重（kg）	客户	进出频率	储位编号
白猫洗衣粉	箱	5	20	50×30×20	20150813001	10	10001	2	
亮洁柔顺剂	箱	10	10	50×30×30	20150815003	15	10001	1	
碧丽洗洁精	箱	20	30	50×20×30	20150824003	10	10001	1	
碧彩洗衣液	箱	10	20	40×30×30	20150901006	20	10001	1	
洁丽牙膏	箱	2	50	50×20×20	20150806005	10	10001	2	
小太阳洗衣粉	箱	5	20	40×30×20	20150725009	10	10002	3	
妍彩护色柔顺剂	箱	5	10	40×30×25	20150728021	20	10002	3	
洁霸超强去渍液	箱	10	15	40×30×25	20150830022	10	10002	4	
玉兰肥皂	箱	2	100	60×30×20	20150809011	8	10002	4	

续 表

货物名称	外包装种类	数量	内包装（个/箱）	外包装尺寸（cm×cm×cm）	生产批次	箱毛重（kg）	客户	进出频率	储位编号
狮王洁白牙膏	箱	2	50	40×40×30	20150901010	8	10002	1	
高得牙刷	箱	2	100	30×30×20	20150722003	5	10003	2	
艾雪沐浴露	箱	5	20	50×40×30	20150526004	20	10003	1	
丝扬洗发露	箱	3	20	50×40×20	20150815008	20	10003	1	
新花护发素	箱	4	30	40×30×20	20150718009	10	10003	1	
贝柔婴儿沐浴露	箱	3	20	50×40×30	20150623011	20	10003	2	
名人洁面乳	箱	4	20	20×20×20	20150522012	6	10003	2	

步骤3：小组展示成果。分组展示小组讨论的结果，使用PPT等多媒体技术进行呈现。

步骤4：小组互评。各小组之间进行互评，评定储位的设置合理性。

步骤5：老师点评。老师根据各组的完成情况，综合评价储位设置的情况，突出肯定正确的和较优的做法，再针对存在的问题进行解释和更正。

工作页（工作记录）如表2-7所示。

表2-7　　工作页（工作记录）

班别		姓名		学号	
项目名称			工作内容		
工作岗位			作业员		
项目组			负责人（组长）		
小组成员					
工作过程：					
工作反思（小结）：					
项目组评定：					
教师点评：					

任务评价

储位管理实训任务评价如表2-8所示。

表 2-8 储位管理实训任务评价

组别： 姓名： 成员：

	项 目	分值（分）	自我评价（30%）	其他组评价（30%）	教师评价（40%）	合计（100%）
考核标准	积极参与分组，合作好	10				
	知识整理情况	20				
	储位设置的情况	20				
	小组展示作品	15				
	小组展示表现	25				
	仓管“5S”管理规范	10				
合 计		100				

注：考核满分为 100 分。60 分以下为不及格；60 ~ 69 分为及格；70 ~ 79 分为中等；80 ~ 89 分为良好；90 分以上为优秀。

拓展提升

储位编号的方法

储位编码是指在分区、分类和划好储位的基础上，将仓库的库房、货场以及料架等存放货品的场所划分为若干储位，然后按储存地点和位置排列，采用统一标记，编列储位的顺序号码，并做出明显标志，以方便仓库作业的顺利进行。

一般储位编码的方法有以下四种。

（1）区段法。区段法就是把保管区域分割为几个区段，再对每个区段编码。此种编码法是以区段为单位，每个号码所标注代表的储位区域将会很大，因此适用于一般容易单位化的货品，以及大量或保管周期短的货品。在 ABC 分类中的 A 类、B 类货品也很适合此种编码方式。货品以物流量大小来决定其所占的区段大小，以进出货频率次数来决定其配置顺序。

（2）品项群别法。品项群别法是把一些相关性货品经过集合以后，区分成好几个品项群，再对每个品项群进行编码。此种编码法适用于比较容易商品群别保管及品牌差距大的货品。例如服饰、五金方面的货品。

（3）地址法。地址法是目前物流中心使用最多的编码方式，是利用保管区域中的现成参考单位，例如建筑物第几栋、区段、排、行、层、格等，依照其相关顺序来进行编码，就像地址的几段、几巷、几弄、几号一样。

这些种编码法由于其所标注代表的区域通常以一个储位为限，且有相对顺序性可依寻，使用起来容易又方便。但由于其储位体积所限，适合一些量少或单价高的货品储存使用，例如 ABC 分类中 C 类的货品。

（4）坐标法。坐标法是利用空间概念来编排储位的方式，此种编排方式由于对每个储位定位切割细小，在管理上比较复杂，对于流通率很小、需要长时间存放的货品，也就是一些生命周期较长的货品比较适用。

一般而言，由于储存货品特性不同，对于所适合采用的储位编码方法也不同，而如何选择编码方法就得依保管货品的储存量、流动率、保管空间布置及所使用的保管设备而做选择。不同的编码方法对于管理的容易与否也有影响，这些都必须先行考虑上列因素及信息管理设备才能适宜选用。

任务二　入库作业流程设计实训

1. 了解入库单。
2. 能描述货物入库流程。

任务描述

2014 年 11 月 20 日，东莞市加德物流有限公司收到三吉食品贸易有限公司的入库通知单，其中包括康师傅冰红茶 52 箱、康师傅矿泉水 21 箱，需入库存放，请为该批商品的入库存储业务设计一份入库作业步骤图。

一、相关知识

商品入库业务也称收货业务，它是仓储业务的开始。商品入库管理是根据商品入库凭证，在接受入库商品时所进行的卸货、查点、验收、办理入库手续等各项业务活动的计划和组织。因此，熟悉入库作业各步骤至关重要。

一般来讲，入库作业的完成要经历下述几个流程。

（1）做好货物入库前的准备，这些准备工作主要有以下几方面。

①熟悉入库的货物。主要是要了解入库货物的品种、规格、数量、包装状态、单

件体积、到库确切时间、货物存期、货物的理化特性、保管的要求等，从而精确、妥善地进行库场安排、准备。

②掌握仓库库场的情况。了解在货物入库期间、保管期间仓库的库容、设备、人员的变动情况，以便安排工作。

③制订仓储计划。仓库业务部门根据货物情况、仓库情况、设备情况，制订仓储计划，并将计划下达到各相应的作业单位、管理部门。

④妥善安排好货位。仓库部门根据入库货物的性能、数量、类别，结合仓库分区分类保管的要求，核算货位大小，根据货位使用原则，严格验收场地、妥善安排货位，确定苫垫方案、堆垛方法等。

⑤做好货位准备。仓库员要彻底清洁货位，清除残留物，清理排水管道（沟），必要时安排消毒除虫、铺地。详细检查照明、通风等设备，发现损坏及时通知修理。

⑥准备苫垫材料、作业用具。在货物入库前，根据所确定的苫垫方案，准备相应的材料以及所需用具，并组织衬垫铺设作业。

⑦做好验收准备。仓库理货人员根据货物情况和仓库管理制度，确定验收方法。准备验收所需的点数、称量、测试、开箱、装箱、丈量、移动照明等工具。

⑧装卸搬运工艺设定。根据货物、货位、设备条件、人员等情况，科学合理地设定卸车搬运工艺，保证作业效率。

⑨文件单证准备。仓库员应妥善保管货物入库所需的各种报表、单证、记录簿等资料，如入库记录、理货检验单、料卡、残损单等，以备使用。

（2）做好货物的接运。货物入库前的准备工作做好后，下一步就要进行货物的接运。接运的方式有两种：一种是到车站码头、货主单位、托运单位、铁路专用线去接货；另一种是由存储单位送货上门，仓储公司负责收货。

（3）接运工作完成后，就要对入库的货物进行验收。验收主要工作如下所述。

①做好验收的准备工作。这些准备工作主要有：第一，全面了解验收货物的性能、特点和数量，根据其需求确定存放地点、垛形和保管方法；第二，准备堆码苫垫所需材料和装卸搬运机械、设备及人力，以便使验收后的货物能及时入库保管存放，减少货物停顿时间；若是危险品则需要准备防护设施；第三，准备相应的检验工具，并做好事前检查，以便保证验收数量的准确性和质量的可靠性；第四，收集和熟悉验收凭证及有关资料；第五，进口货物或上级业务主管部门指定需要检验质量者，应通知有关检验部门会同验收。

②核对凭证。核对凭证，就是全面核对货主提供的入库通知单和订货合同副本；供货单位提供的验收凭证，包括材质证明书、装箱单、磅码单、发货明细表、说明书、保修卡及合格证等；承运单位提供的运输单证，包括提货通知单和登记货物残损情况

的货运记录、普通记录以及公路运输交接单等。入库通知单、订货合同要与供货单位提供的所有凭证相符。

③检验货物。包括检验数量、检验外观质量和检验包装三方面内容，即复核货物数量是否与入库凭证相符，货物质量是否符合规定的要求，货物包装能否保证货物在储存和运输过程中的安全。

（4）货物存储货位的确定。仓库货位是仓库内具体存放货物的位置。人们根据仓库的结构、功能、货物的性质等因素，按照最近、最捷、最廉、最适的“四最”原则，将仓库存货位置进行分块分位，形成货位。每一个货位都用一个编号进行标志，货位可大可小，根据所存货物的情况确定。货位分为场地货位、货架货位等。

选择和确定货位须按照最近、最捷、最廉、最适的“四最”原则，结合货物的性质和存储现场的布局进行。

①根据货物的尺寸、数量、特性、保管要求选择货位。

②保证先进先出、缓不围急。

③出入库频率高应使用方便作业的货位。

④小票集中、大不围小、重近轻远。

⑤方便操作。

⑥作业分布均匀。

（5）完成货物的装卸搬运作业。货物进库后，组织相关人员，合理选用装卸搬运机械，按照装卸搬运计划迅速将货物转移到规定的货位存放。装卸搬运进程中要强调如下原则。

①搬运的时效性。遵守装卸搬运计划的规定，按时按量、准确及时地实施搬运。

②搬运的质量。装卸搬运过程中要确保被搬运的货物的质量不能降低，如不能损坏、物品变质等。

③搬运安全。装卸搬运过程中要确保人员、设备、货物不发生事故，如人身安全意外、设备损坏、货物丢失等。

（6）办理入库手续。

①办理交接手续，接收文件，签署相关单证。

②根据查验情况制作入库单，详细记录入库货物的实际情况。

③立卡，将货物名称、规格、数量或出入状态等内容填在料卡上。

至此，入库工作就告结束。

二、材料与工具

6 人为一组，每组提供纸张数张，入库作业相关视频。

实施步骤

步骤1：观看物流企业入库作业视频。

步骤2：让学生讨论入库作业的基本步骤。

步骤3：以小组为单位，根据任务表述要求，每个小组完成一份设计图，以书面形式提交作业。

步骤4：成果展示。

步骤5：教师点评。

工作页（工作记录）如表2－9所示。

表2－9　　工作页（工作记录）

<table>
<tr><td>班别</td><td></td><td>姓名</td><td></td><td>学号</td><td></td></tr>
<tr><td>项目名称</td><td colspan="2"></td><td>工作内容</td><td colspan="2"></td></tr>
<tr><td>工作岗位</td><td colspan="2"></td><td>作业员</td><td colspan="2"></td></tr>
<tr><td>项目组</td><td colspan="2"></td><td>负责人（组长）</td><td colspan="2"></td></tr>
<tr><td>小组成员</td><td colspan="5"></td></tr>
<tr><td colspan="6">工作过程：</td></tr>
<tr><td colspan="6">工作反思（小结）：</td></tr>
<tr><td colspan="6">项目组评定：</td></tr>
<tr><td colspan="6">教师点评：</td></tr>
</table>

任务评价

入库作业流程设计实训任务评价如表2－10所示。

表2－10　　入库作业流程设计实训任务评价

<table>
<tr><td colspan="3">组别：</td><td colspan="4">成员：</td></tr>
<tr><td rowspan="5">考核标准</td><td>项　　目</td><td>分值（分）</td><td>自我评价（20%）</td><td>其他组评价（30%）</td><td>教师评价（50%）</td><td>合计（100%）</td></tr>
<tr><td>态度</td><td>20</td><td></td><td></td><td></td><td></td></tr>
<tr><td>互助与合作</td><td>20</td><td></td><td></td><td></td><td></td></tr>
<tr><td>倾听与交流</td><td>30</td><td></td><td></td><td></td><td></td></tr>
<tr><td>展示与效果</td><td>30</td><td></td><td></td><td></td><td></td></tr>
<tr><td colspan="2">合　　计</td><td>100</td><td></td><td></td><td></td><td></td></tr>
</table>

货物入库计划

1. 入库申请

入库申请是存货人对仓储服务产生需求，并向仓储企业发出需求通知。仓储企业接到申请之后，对此项业务进行评估并结合仓储企业自身业务状况作出反应，或拒绝该项业务，并作出合理解释，以求客户的谅解；或接受此项业务，并制订入库作业计划，并分别传递给存货人和仓库部门，做好各项准备工作。所以，入库申请是生成入库作业计划的基础和依据。

2. 入库作业计划及分析

入库作业计划是指仓库部门根据本部门和存货人等外部实际情况，权衡存货人的需求和仓库存储的可能性，通过科学的预测，提出在未来一定时期内仓库要达到的目标和实现目标的方法。

仓库部门对入库作业计划的内容进行分析，并根据物品在库时间，物理、化学、生物特性，单品体积、重量，包装物等，合理安排货位，仓库部门对入库作业计划做出测评与分析之后，即可进行物品入库前的准备工作。

任务三　入库作业订单处理实训

任务目标

1. 能描述入库单的制作流程。
2. 会操作 WMS 入库模块。
3. 能对客户的入库订单进行正确的处理。

2014 年 11 月 20 日，东莞市加德物流有限公司收到三吉食品贸易有限公司采购部经理张三发来的传真，将有一批饮料需要入库，其中，包括康师傅冰红茶 52 箱、康师傅矿泉水 21 箱，请根据客户提供的入库通知单进行入库作业的单证处理，并打印入库验收单。

任务准备

一、相关知识

1. 入库单制作流程

（1）接收到客户传真来的入库通知单后，客户服务部根据入库通知单录入客户、预到货物等信息，生成作业计划。

（2）仓库收货人员核对入库凭证，认真检查货物的品种及数量是否一致，核实一致后方可签收。

（3）将货物存放待检区域待检，打印入库单，交由验收人员通知其验货。

（4）检验合格后，填写入库单相应内容（检验合格数量、签名、日期），交由仓管员正式办理入库。

（5）根据系统生成的储位信息，进行入库上架作业。相关工作人员签字，交与仓管员，最后将入库单传真一份给客户。

2. WMS 系统入库模块

WMS 的概念：仓储管理系统（Warehouse Management System，WMS）区别于 ERP 或进销存系统之处在于 WMS 支持仓库作业及运输配送的管理、控制和监控。主要功能模块包括基础资料维护模块、入库管理模块、出库管理模块、仓库管理模块等，其中入库模块包括以下几部分。

（1）采购入库：商务系统（ERP）传入的采购入库通知或手工录入采购入库单、收货分配存储空间、检验、物品上架、入库处理系统库存增加。

（2）生产入库：商务系统（ERP）传入的生产入库通知或手工录入生产入库单、收货分配存储空间、检验、物品上架、入库处理系统库存增加。

（3）退货入库：商务系统（ERP）传入的销售（领用）退货通知或手工录入退货单、收货分配存储空间、检验、物品上架、入库处理系统库存增加。

（4）调拨入库：商务系统（ERP）传入的调拨入库通知或手工录入调拨入库单、收货分配存储空间、检验、物品上架、入库处理系统库存增加。

（5）其他入库：包括借出货物归还等只需要填写收货单做后续入库操作。

3. 入库作业的订单处理方法及基本流程

收到客户传真来的入库通知单后，客户服务部的信息员根据入库通知单录入信息，然后生成作业计划，并打印出入库验收单。具体步骤如下。

（1）输入账号以及密码登录 WMS 系统。

（2）点击入库作业模块，进入订单处理界面，新增入库订单，根据入库通知单，在对应栏目输入相应相息，保存订单，完成订单的录入。

(3) 点击并确认生成作业计划，打印入库单。

二、材料与工具

电脑、打印机、WMS 仓储管理系统；入库相关单据：送货单、入库通知单等。

实施步骤

同学们根据任务描述中的案例信息，制作并打印该批货物入库单。具体步骤如下。

步骤 1：信息员对入库凭证进行审核。

步骤 2：新增入库订单。

(1) 登录系统：打开登录界面，按要求输入用户名（如 001）、密码（根据老师提供），确认。

(2) 进入“入库作业”模块，单击“新增”按钮或者用快捷键“Ctrl + I”，进入订单录入界面。

(3) 在订单录入界面，在相应的信息框录入相关的信息，包括：客户名称、委托方编号、供应商编号、入库方式、入库类型等信息，并在订单货物界面录入商品编号、日期、数量等信息。

(4) 保存订单，可以单击菜单栏中的文件保存按钮，也可用快捷键“Ctrl + S”。

(5) 对采购单进行审核，可以单击菜单栏中的“审核”按钮，也可用快捷键“F6”。

步骤 3：生成作业计划。单击“生成作业计划”按钮，并单击“确认生成”按钮。

步骤 4：打印入库单。打印入库验收单，并在制单人一栏签名确认，将入库验收单交与仓管员（验收员）对货物进行验收。

工作页（工作记录）如表 2 – 11 所示。

表 2 – 11　　工作页（工作记录）

班别		姓名		学号	
项目名称		工作内容			
工作岗位		作业员			
项目组		负责人（组长）			

续 表

班别		姓名		学号	
小组成员					
工作过程：					
工作反思（小结）：					
项目组评定：					
教师点评：					

任务评价

（1）小组活动评价标准（30分）如表2-12所示。

表2-12 **小组活动评价标准**

小组名称：		组长：		
小组成员	态度（5分）	相互合作（5分）	沟通（5分）	成果展示（15分）

（2）教师评价标准：根据完成情况量化评价（70分）。如表2-13所示。

表2-13 **教师对小组的评价标准**

序号	评价指标	分值（分）
1	能在规定时间内小组合作完成工作任务，顺利展示，观点新颖，表述逻辑性强	56~70
2	能在规定时间内完成工作任务，顺利展示，有自己的观点，表述清楚	41~55
3	在老师或其他组的帮助下能完成工作任务并做展示	0~40

拓展提升

WMS在我国的应用及其发展趋势

仓储管理系统（WMS）是仓储管理信息化的具体形式，它在我国的应用还处于起步阶段。目前在我国市场呈现出二元结构：以跨国公司或国内少数先进企业为代表的高端市场，其应用WMS的比例较高，系统也比较集中在国外基本成熟的主流品牌；以国内企业为代表的中低端市场，主要应用国内开发的WMS产品。下面主要结合中国物流与采购联合会征集的物流信息化优秀案例，从应用角度对国内企业的WMS概况做一个分析。

第一类是基于典型的配送中心业务的应用系统，在销售物流中如连锁超市的配送中心，在供应物流中如生产企业的零配件配送中心，都能见到这样的案例。北京医药股份有限公司的现代物流中心就是这样的一个典型。该系统的目标，一是落实国家有关医药物流的管理和控制标准GSP等；二是优化流程，提高效率。系统功能包括进货管理、库存管理、订单管理、拣选、复核、配送、RF终端管理、商品与货位基本信息管理等功能模块，通过网络化和数字化方式，提高库内作业控制水平和任务编排。该系统把配送时间缩短了50%，订单处理能力提高了一倍以上，还取得了显著的社会效益，成为医药物流的一个样板。此类系统多用于制造业或分销业的供应链管理中，也是WMS中最常见的一类。

第二类是以仓储作业技术的整合为主要目标的系统，解决各种自动化设备的信息系统之间整合与优化的问题。武钢第二热轧厂的生产物流信息系统即属于此类，该系统主要解决原材料库（钢坯）、半成品库（粗轧中厚板）与成品库（精轧薄板）之间的协调运行问题，否则将不能保持连续作业，不仅放空生产力，还会浪费能源。该系统的难点在于物流系统与轧钢流水线的各自动化设备系统要无缝连接，使库存成为流水线的一个流动环节，也使流水线成为库存操作的一个组成部分。各种专用设备均有自己的信息系统，WMS不仅要整合设备系统，也要整合工艺流程系统，还要融入更大范围的企业整体信息化系统中去。此类系统涉及的流程相对规范和专业化，多出现在大型ERP系统中，成为一个重要组成部分。

第三类是以仓储业的经营决策为重点的应用系统，其鲜明的特点是具有非常灵活的计费系统、准确及时的核算系统和功能完善的客户管理系统，为仓储业经营提供决策支持信息。华润物流有限公司的润发仓库管理系统就是这样的一个案例。此类系统多用于一些提供公仓仓储服务的企业中，其流程管理、仓储作业的技术共性多、特性少，所以要求不高，适合对多数客户提供通用的服务。该公司采用了一套适合自身特点的 WMS 以后减少了人工成本，提高了仓库利用率，明显增加了经济效益。

上述三类 WMS 只是从应用角度来做的一个简单分类。第一类 WMS 比较标准，但是并非所有企业都能一下子用起来。第二类是企业内部物流发展进程中经常会用到的，当生产企业或商贸企业在推进其信息化的时候，物流部分往往先从自动化开始，然后与企业的其他信息系统整合起来。第三类则是传统仓储企业向现代物流业过渡的进程中经常会见到的情况。WMS 的这些分类反映了我国物流需求还不是很成熟的现状，所以各自有其用武之地。

任务四 入库作业流程操作整合实训

任务目标

1. 熟悉货物入库流程。
2. 能完成入库单的制作与打印。
3. 知道货物验收与交接流程。
4. 能根据货物存储要求完成货物堆码操作。
5. 熟练操作仓储设备。
6. 能完成指定货物入库上架作业。

任务描述

2014 年 11 月 20 日，东莞市加德物流有限公司收到三吉食品贸易有限公司的入库通知单，其中，包括康师傅冰红茶 52 箱，外包装尺寸为 190mm × 370mm × 270mm，康师傅矿泉水 21 箱，外包装尺寸为 285mm × 380mm × 270mm，需入库存放，请完成该批货物的入库作业。

任务准备

一、相关知识

1. 货物入库流程

货物入库流程如图 2 – 8 所示。

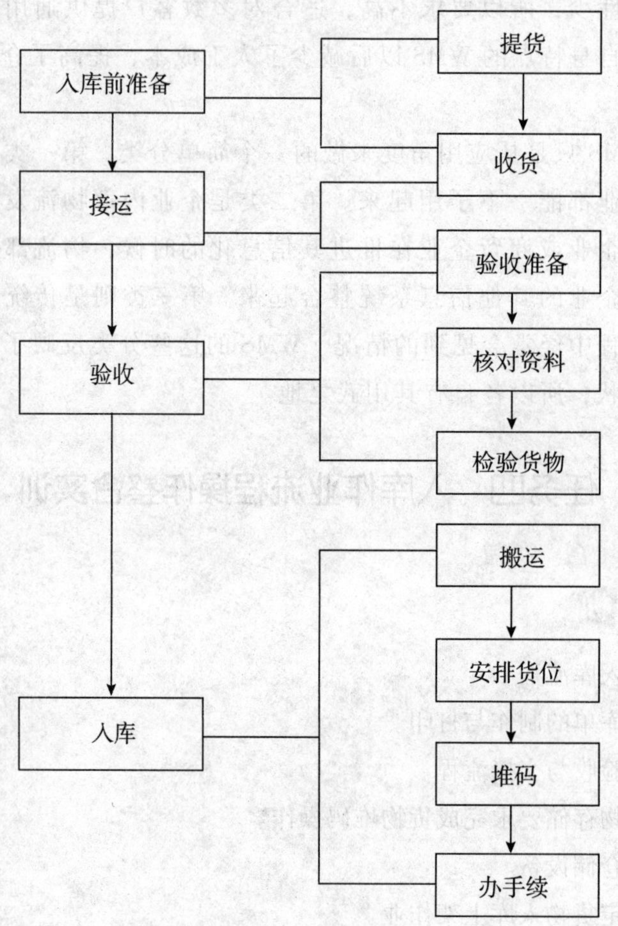

图 2－8　货物入库作业流程

2. RF 手持终端

RFID 手持终端又称为 PDA。其具备 RFID 读写功能，可以对 RFID 标签进行识读，是一组有特定功能的硬件。

用 RF 手持终端进行无线操作可实现与仓储管理系统之间的衔接。由无线接入点把数据信号通过无线方式发送给 RF 终端，并将 RF 终端反馈回来的数据信号传回 WMS，实现系统的入库验收、理货、上架和拣货、盘点等功能。

3. 理货作业

托盘堆码。商品堆码操作要求如下。

（1）牢固。操作工人必须严格遵守安全操作规程，防止建筑物超过安全负荷量。码垛必须不偏不斜，不歪不倒，牢固坚实，与屋顶、梁柱、墙壁保持一定的距离，确保堆垛的安全和牢固。

（2）合理。不同商品其性能、规格、尺寸不相同，应采用各种不同的垛形。不同品种、产地、等级、批次、单价的商品应分开堆码，以便收发、保管。货垛的高度要适度，不能压坏底层商品和地坪，并与屋顶、照明灯保持一定距离为宜；货垛的间距，走道的宽度，货垛与墙面、梁柱的距离等，都要合理、适度。垛距一般为0.5～0.8m，主要通道为2.5～4m。

（3）整齐。货垛应按一定的规格、尺寸叠放，排列整齐、规范。商品包装标识应一律向外，便于查找。

托盘堆码方式如图2－9所示。

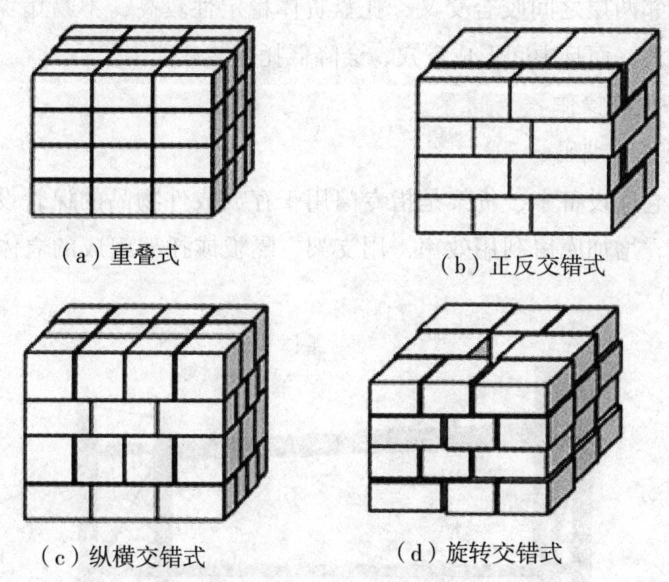

图2－9　托盘堆码方式

①重叠式堆码：将货品箱平行排列，根据托盘规格决定列数和每列的数量；堆码过程中按先远后近的原则堆码；将底层的货品箱堆码整齐，箱与箱之间不留空隙；箱与箱的交接面为正面与正面衔接，侧面与侧面衔接；逐层堆叠码放，层与层之间的箱平行，货品箱四个角边重叠，方向相同，直到堆码完成。

这种方式的优点是：装盘简单容易，作业人员操作速度快，包装物4个角和边重叠垂直，承载力大。缺点是各层之间缺少咬合作用，稳定性差，容易发生塌垛。在货体面积较大的情况下，采用这种方式可有足够稳定性。

②正反交错式堆码：每层货品箱在排列的时候，列与列之间和货品箱垂直放置；箱与箱的交接面为正面与侧面衔接；层与层之间摆放的时候，上层的货品箱与下层的货品箱旋转180°摆放。

这种方式不同层间咬合强度高，相邻之间不重缝，因而码放后稳定性很高。但是，操作比较麻烦，各层货物之间不是垂直面相互承受荷载，下面的货物容易被压坏。

③纵横交错式堆码：每层堆码方式同重叠式一样，水平同方向摆放；第二层与底层旋转 90°摆放。如此循环，直到堆码结束。

这种方式装盘也比较简单，层间有一定的咬合效果，有一定的稳定性，但咬合强度不高。重叠式和纵横交错式较适合自动装盘操作。

④旋转交错式堆码：每层摆放为相邻的货品箱相互垂直旋转摆放，根据托盘及货品箱的规格也可以两个货品箱为一个单位相互垂直摆放。每个堆码单位的交接面必须有一个正面和一个侧面。

这种方式相邻两层之间咬合交叉，托盘货体稳定性较高，不易塌垛，但是，这种码放方式难度较大，而且中间形成空穴，会降低托盘装载能力。

4. 仓储设备设施操作

（1）货架及货位编码。

①货架。在仓库设备中，货架是指专门用于存放成件物品的保管设备。是为了节省货品存放空间，增加库房利用效率，用支架、隔板或托架组成的立体储存货物的设施（见图 2－10）。

图 2－10　货架

货架的种类很多，分类的方法也有所不同。主要分类方法有以下几种。

a. 按货架制作工艺方式分类，可分为焊接式货架和组合式货架等。

b. 按货架运动方式状态分类，可分为固定式货架、移动式货架和旋转式货架。

c. 按货架的高度分类，可分为高层货架、中层货架和低层货架。

d. 按货架的载重量分类，可分为重型货架：每层承重在 500kg 以上，如重型工业货架；中型货架：每层承重在 150～500kg，如中型工业货架。轻型货架：每层承重在 150kg 以下，如超市货架。

②货位编码。货位编码是指将仓库范围的房、棚、场，以及库房的楼层、仓间、货架、走支道等按地点、位置顺序编列号码，并作出明显标示，以便商品进出库可按号存取。

货位编码的方法一般有下述四种。

a. 区段方式。把保管区域分割成几个区段，再对每个区段编码的方法。此种编码方式是以区段为单位，每个号码所标注代表的货位区域将会很大，因此适用于容易单位化的货物，以及大量或保管周期短的货物。ABC 分类中的 A 类、B 类货物也很适合这种编码方式。

b. 品类群类别方式。把一些相关性货物经过集合以后，区分成好几个品类群，再对每个品类群进行编码。这种编码方式适用于比较容易的商品群类别保管及品牌差距大的货物。例如服饰、五金方面的货物。

c. 地址式。利用保管区域中的现成参考单位，例如库场的第几栋、第几保管区、排、行、层、格等，依照其相关顺序来进行编码。这些种编码方式由于所标注代表的区域通常以一个货位为限，且有相对顺序可依循，使用起来容易又方便，是目前仓储中心使用最多的编码方式。由于货位体积所限，适合一些量少或单价高的货物储存使用，例如 ABC 分类中的 C 类货物。

d. 坐标式。利用空间概念来编排货位的方式，这种编排方式由于对每个货位定位切割细小，在管理上比较复杂，对于流通率很小、需要长时间存放的货物即一些生命周期较长的货物比较适用。

一般而言，由于储存货物特性不同，所适合采用的货位编码方式也不同，如何选择编码方式就得按照保管货物的储存量、流动率，保管空间布置及所使用的保管设备来作选择。不同的编码方法对于管理的容易与否也有影响，必须综合考虑上述因素及信息管理设备，才能适宜地选用。如果采用计算机管理，货位的编号就相对简单一些。

（2）手动液压搬运车。手动液压搬运车是托盘运输中最简便、最有效、最常见的装卸、搬运工具。是一种轻小型的利用人力提升货叉的装卸搬运设备。

应用：仓库收发站台的装卸或车间内各工序间不需要堆垛的场合，用于搬运装载于托盘上的货物。

特点：转弯半径小，载重量一般为 1500～3000kg，当使用双面托盘时，货叉长度应大于托盘长度。

手动液压搬运车操作步骤如下。

①把手动搬运车移到已放置货物的托盘前，货叉对准托盘槽插入，需要注意的是，

在货叉推进托盘槽的时候，手柄与地面要保持垂直。

②按下指状控制手柄，用手上下扳动操作手柄，使货叉上升抬起托盘到合适位置。

③把指状控制手柄恢复到原来中间的位置，拉动手动液压搬动车到货物指定存放处。在行进过程中，应用手拉动手动搬运车前行。

④到达卸货位置，手握指状控制手柄，货叉下降，托盘落地后，货叉移出。

⑤手动液压搬运车使用完毕，把车拉回原位，摆放整齐，操作手柄旋转90°并与货叉平行。

（3）电动堆高机。电动堆高机（见图2－11）又被称为电动堆高车、电动堆垛车，是一种以电机为动力，电瓶为动力来源的工业仓储设备。其主要功能是搭配托盘进行物品的堆高、卸货、搬运等操作，是现代化的工厂、车间、仓库必备的一种工业车辆。电动堆高机广泛应用于工厂、车间、仓库、流通中心和配送中心、港口、码头、车站、机场等需要物流的场所，并且可以进入集装箱、仓库内进行操作。

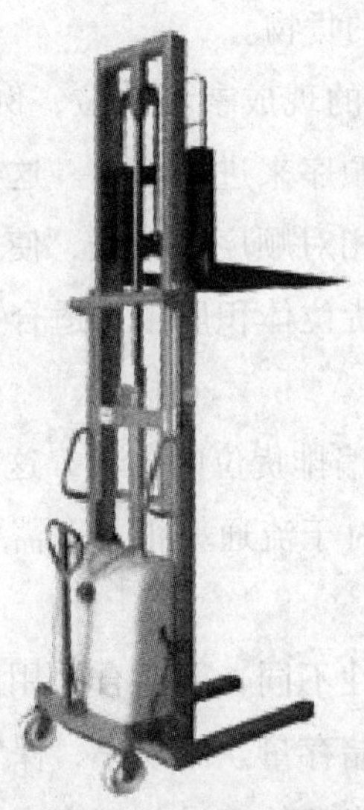

图2－11　电动堆高机

电动堆高机的操作方法如下。

①双手握住操作手柄，用力推动车辆慢慢向目标货物前行，如果要停车，可用手刹制动或踩下脚刹制动，使车辆停下。

②托盘货物上架，保持货物低位，小心接近货架；踩下脚刹制动，提升货物到货架平面的上方；推动堆高机向前移动，当货物处在货架上方时停止，慢慢放下托盘，并且注意货叉不能压到货架，确保货物处在安全位置；拉动操作手柄，缓慢回退，确保货物和设备的安全；货叉下调到适当位置，电动堆高机退出通道。

③托盘货物下架，推动托盘堆高机小心接近货架，移动到待卸货托盘处；升起货

叉到达适宜高度，将货叉慢慢插入托盘底部。

（4）电动托盘车。电动托盘车（见图 2－12）又称电动搬运车、电动地牛、电动托盘搬运车，适用于重载及长时间货物转运，可大大提高货物搬运效率。车身设计超薄，无级变速，特小转弯半径，车身坚固，动作轻便灵活，无噪声，无污染。一次充电工作时间长，性能可靠，广泛应用于物流、仓库、工厂、医院、学校、商场、机场、体育场馆、车站机场等。

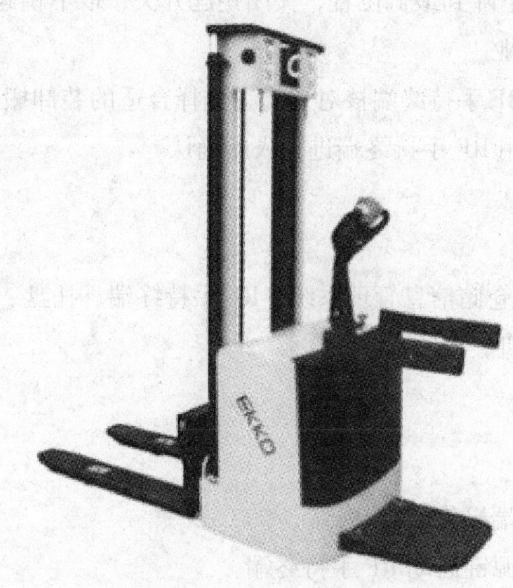

图 2－12　电动托盘车

电动搬运车的操作步骤如下。

① 启动电动托盘车。插上电瓶车插头，打开紧急断电开关，打开钥匙开关。

② 运行电动托盘车。

前进：操纵把手向后下压至 0°～90°，用大拇指向前推动控制钮，车辆向前运行，速度由方向速度控制钮转动幅度控制。

后退：操纵把手向后下压至 0°～90°，用大拇指向后推动控制钮，车辆倒车运行，速度由方向速度控制钮转动幅度控制。

减速：慢慢松开大拇指，方向速度控制按钮自动回位，车辆速度下降。

转向：操作人员双手握住操纵把手，下压至倾斜位置，左右扳动操纵把手实现车辆的左右转向。

停止或制动：大拇指离开方向速度控制按钮，扳动操纵手柄至水平位置或垂直位置时，车辆停止。

③ 装卸。运行电动托盘车小心接近货物，调整货叉高度以便使货叉安全插入托盘

的槽里面，提起货物约5cm，并确保货物安全牢固，再将电动托盘车缓慢驶离。

慢慢接近货物放置位置，提升货物至适当高度，操纵叉车向前运行，确认货物在卸货位置的正上方后，货叉慢慢下降，货物安全放置后，电动托盘车缓慢驶离。

④ 电动托盘车的停放。停车，将钥匙旋转至“OFF”位置，按下紧急断电开关，拔去电瓶插头，取下钥匙保管好，将货叉降到离地15～20cm的位置。停放，将叉车停在指定的地方，将货叉下降到最低位置，关闭钥匙开关，取下钥匙。

5. 货物入库上架作业

包括入库前检查、RF手持终端核对货物、选择合适的装卸搬运工具搬运货物至待上架区，货物入货位、用RF手持终端进行入库确认。

二、材料与工具

入库通知单、WMS仓储信息管理系统、RF手持终端、托盘、手动液压托盘车、电动托盘车、半自动堆高机。

实施步骤

步骤1：RF手持终端操作步骤。

(1) 启动：按下电源键启动RF手持终端。

(2) 进入RF手持终端系统界面，选择需要的功能模块。

(3) 扫描：把激光扫描头稳定对准条码，使扫描器发出的激光束覆盖整个条码。

(4) 通过激光扫描，RF手持终端将获取的信息提交给系统，完成相关功能操作。

(5) 关闭：退出系统，按下电源键关闭RF手持终端。

步骤2：货物的堆码。

(1) 堆码方式分组练习：重叠式、正反交错式、纵横交错式、旋转交错式。

(2) 根据任务描述，分组完成入库货物堆码，任务中货物包括：康师傅冰红茶52箱，外包装尺寸为190mm×370mm×270mm；康师傅矿泉水21箱，外包装尺寸为285mm×380mm×270mm。

(3) RF手持终端完成入货理货作业。

①RF手持终端登录WMS，输入用户名和密码进入操作页面。

②在操作页面点击“入库”，在入库理货界面选择待处理的单据。

③利用RF手持终端扫描货物条码，输入货物的实收数量、验收日期，点击保存。

④完成所有货物的 RF 理货作业操作，单击“理货完成”按钮，完成理货作业。

（4）老师审核堆码质量。

步骤 3：仓储设备设施操作。

（1）手动搬运车操作。

①手动液压搬运车的基本操作。

②利用手动液压搬运车完成货物的搬运。

（2）半自动堆垛机操作。

①半自动堆垛机操作的基本操作。

②利用半自动堆垛机完成货物的上架。

（3）电动托盘搬运车。

①电动托盘搬运车的基本操作。

②利用电动托盘搬运车完成货物的搬运和上架。

步骤 4：入库作业整合。

（1）入库单处理：入库信息处理，打印入库验收单。

（2）入库理货作业：完成货物堆码，RF 手持终端的入货理货作业。

（3）入库搬运作业：利用手动液压搬运车完成货物的搬运。

（4）入库上架作业：利用半自动堆垛机完成货物的上架。

（5）分组展示。

（6）老师对各组展示进行评分统计并点评。

工作页（工作记录）如表 2－14 所示。

表 2－14　　工作页（工作记录）

班别		姓名		学号	
项目名称		工作内容			
工作岗位		作业员			
项目组		负责人（组长）			
小组成员					
工作过程：					
工作反思（小结）：					
项目组评定：					
教师点评：					

（1）小组活动评价标准（30 分），如表 2－15 所示。

表 2－15　　小组活动评价标准

小组名称：			组长：	
小组成员	态度（5 分）	相互合作（5 分）	沟通（5 分）	成果展示（15 分）

（2）教师评价标准，根据完成情况量化评价（70 分），如表 2－16 所示。

表 2－16　　教师对小组的评价标准

序号	评价指标	分值（分）
1	能在规定时间内小组合作完成工作任务，顺利展示，观点新颖，表述逻辑性强	56～70
2	能在规定时间内完成工作任务，顺利展示，有自己的观点，表述清楚	41～55
3	在老师或其他组的帮助下能完成工作任务并做展示	0～40

拓展提升

问题货物的处理

货物在验收过程中，有可能会发现各种问题，比如质量不符合要求、数量不符、包装出现问题等，应根据不同情况区别对待。

1. 数量不符

仓管员应报告仓库主管，并及时与送货方联系处理，按货单上的数量补齐货物，然后签收入库；如送货方无法及时补齐货物，在送货单上按实收数量签收，并在备注栏注明原因。

2. 质量异常

仓管员及时与送货方联系，将有问题货物分开堆放，并通知仓库主管和质检员及时对有问题成品进行检查；由送货方提供完好货物按货单上的数量补齐货物，然后签收入库；如送货方无法及时补齐货物，在送货单上按实收数量签收，并在备注栏注明原因。

3. 批号及品种混乱

应及时把有问题货物分开堆放，及时通知送货方及质检员予以解决，并做好相关记录。由送货方提供正确批次及品种的货物按货单上的数量补齐货物，然后签收入库；如送货方无法及时补齐货物，在送货单上按实收数量签收数，并在备注栏注明原因。

4. 包装破损

不允许包装破损的货物入仓，如果破损，应要求送货方重新更新包装，或根据与送货方的协议，由我方在翻工区更换包装后才能入库。

5. 二次封口

凡二次封口的货物必须拒收，与客户有协议的除外。

项目三　在库管理实训

企业经营的根本目的在于追求最佳经济效益。为此，必须通过良好的生产管理提高效率和降低成本。在运输管理方面应把用品和不用品及时分开，增加有效面积，减少在库管理的障碍。

任务目标

1. 懂得在库货物的管理原则。
2. 掌握在库货物的流通加工处理方法。
3. 掌握货物盘点作业的操作。
4. 熟悉仓库的日常检查事项。
5. 掌握仓库日常检查的单据填写。

项目背景

东莞市加德物流有限公司作为一家第三方物流企业，企业的日常库存管理工作显得特别重要，因此，在日常管理中应该加强员工对在库货物的日常检查的培训，重点加强对仓库日常检查涉及的单据的填写训练，并熟悉对在库货物的流通加工处理，以此保证货物的在库安全性。

任务一　仓库检查及单据填写实训

任务目标

1. 懂得对仓库进行日常检查。
2. 具备填写仓库日常检查的各类单据。

任务描述

货物在库期间，为防止物品因自身理化性质和外部因素影响而发生质量降低或丧失使用价值，需要对在库货物进行在库管理和日常的检查，因此仓管员应该懂得对仓库进行日常的管理和检查，根据企业制定的SOP（标准操作流程）严格执行，并填写完整各类单据。

一、相关知识

（1）仓库的“6S”管理。

（2）仓管员的从业标准。

（3）仓库日常管理的标准操作流程（SOP）。

（4）仓库日常管理中涉及的单据。

二、材料与工具

（1）分组：将学生分成6组，每组人数根据教学对象实际情况确定，每组选一个组长。

（2）每组分发纸张讨论仓管员的管理职责。

（3）打印准备仓库日常管理的相关单据。

实施步骤

步骤1：介绍仓库的“6S”管理。

仓库的“6S”管理是仓库的日常管理工作。主要包括整理、整顿、清扫、清洁、素养、安全等内容。其目的是保证仓库环境的清洁、明亮、安全，减少工作中的失误。

（1）责任的划分。

①仓管员负责个人责任区域内的日常“6S”管理。

②仓库主管负责对仓库“6S”的管理情况进行督促、检查。

（2）工作内容。

①整理：现场检查、区分必需品与非必需品，随时清理非必需品，必需品定期循环整理。通过整理及时发现库中的呆料、滞料及办公区中的非必需品，并能及时进行呆料、滞料的申报及非必需品的清理。

②整顿：把需要的物品进行定量、定位。通过整顿能合理布置不同物料的库位，以便需要时能在最快速的情况下取到可用之物，从而达到大幅度提高工作效率的目的。

③清扫：仓管员根据个人责任区域的划分，每天早上进行彻底清扫，清扫要及时、

彻底。清扫的具体内容有：地面、工作区和货架逐一清扫；定期对仓库的搬运工具、量具进行保养，如有异常及时通报有关部门进行维修；及时发现污染源，切断污染途径，彻底解决污染问题。仓库主管将不定期对每天的清扫情况进行检查。

④清洁：经过整理、整顿、清扫后，认真进行维护，保持完美和最佳状态。清洁的地方包括过道、仓库货位、货架、运输工具、文件等。通过对前三项的坚持和深入能够创造一个良好的工作环境，对提高工作效率和改善整体的绩效是很有帮助的。

⑤安全：仓库是公司物资存储的重要场所，在日常工作中除正常工作接触的相关人员外，要杜绝其他闲散人员在仓库中逗留，仓库中的电器要严格按照使用规范进行操作，不准私自乱接电器设备，每次从储藏柜中取出物品后应及时上锁。每日交班、下班前要认真检查需要关闭的电器是否关闭，仓库门是否上锁，仓管员要对所管理库房的防火、防盗负责。

⑥素养：要把日常的整理、整顿、清扫、清洁形成一种习惯，从而产生一种责任感，使“6S”的管理长时间坚持下去。

步骤2：老师下达任务书，学生通过上网查询资料，分组进行讨论，总结仓管员的从业标准和管理职责。

步骤3：每组派学生代表，将小组讨论的结果向大家展示。

步骤4：老师下发仓库日常的单据，学生找资料试填。仓库日常使用的单据主要包括：入库单（见表3－1）、出库单（见表3－2）、拣选单、配送单、盘点表、配货单、提货单（见表3－3）、退货入库单、盘点损益单等。对于现代物流企业而言，一般都是使用WMS（仓库管理系统）进行管理，所以现在很多的单据都是电脑填写和打印。下面重点介绍一些常用的单据。

表3－1　　　　**入库单**

作业计划单号：

公司：________________配送中心　□正常商品　□暂存商品　□退换货

客户名称：　　客户编号：　　入库通知单号：

发运日期：　　发货单位编号：　　随货同行单号：

应收总数：　　实收总数：　　联系人：　　联系电话：

产品名称	产品编号	规格	单位	应收数量	实收数量	货位号	批号	备注

续 表

		承运单位：
保管员：	体积（重量）：	司机签名：
制单人：	集装箱号：	证件号码：
入库日期：	铅封号：	车牌号码：

表 3－2 出库单

作业计划单号：000000000022680

公司：彩盈仓储物流有限公司配货中心　1 号仓库　□正常商品　□暂存商品　□退换货

客户名称：兴华电子贸易有限公司　客户编号：G015108

发货通知单号：　收货单位名称：

开单日期：　应收总数：132　实收总数：

联系人：　联系电话：

产品名称	产品编号	规格	单位	应收数量	实收数量	货位号	批号	备注
DELL 机箱	6901010481015		箱	50				
DELL 液晶显示器	6901010481022		箱	50				
DELL 键盘	6901010481039		箱	12				
DELL 鼠标	6901010481046		箱	20				

保管员：	体积（或重量）：	运输商：
制单人：	集装箱号：	司机签章：
出库日期：	铅封号：	证件号码：
盖章：	铁路货单号：	联系电话：

表 3－3 提货单

提货单位：兴华电子贸易公司　提货单号：

提货仓库：　仓库地址：

提货方式：　开单日期：　年　月　日

序号	商品编号	名称	规格型号	单位	数量	金额	备注
1	3568022	DELL 机箱	220s	箱	50		
2	3568156	DELL 液晶显示器	E2209W	箱	50		
3	3568512	DELL 键盘	U22	箱	12		
4	3568225	DELL 鼠标	XN967	箱	20		

主管：　财务：　提货人：　制单：

步骤5：师生共同检查单据填写的正误，归纳填写标准。

步骤6：教师对学生填写的单据进行点评并对知识进行总结。

工作页（工作记录）如表3－4所示。

表3－4 工作页（工作记录）

班别		姓名		学号	
项目名称		工作内容			
工作岗位		作业员			
项目组		负责人（组长）			
小组成员					
工作过程：					
工作反思（小结）：					
项目组评定：					
教师点评：					

任务评价

仓库检查与单据填写实训任务评价如表3－5所示。

表3－5 仓库检查与单据填写实训任务评价

组别：		姓名：			成员：	
	项目	分值（分）	自我评价（30%）	其他组评价（30%）	教师评价（40%）	合计（100%）
考核标准	归纳总结，知识整理	20				
	知识展示情况	20				
	日常单据填写正确规范	40				
	人员分工明确，各部门协作性好	10				
	仓管“6S”管理规范	10				
合计		100				

拓展提升

仓库的日常管理

在现代企业日常管理中，仓库的日常管理占有不容忽视的地位。如何搞好企业的仓库管理及仓库建设是当前企业经营管理者一项重要的工作。对于一个企业而言，仓库的日常管理可以通过以下方面进行完善。

1. 不断提高保管员业务素质，做到应知应会

作为一名合格的仓库保管员，要不断提高保管员业务素质，做到应知应会。

（1）必须做到廉洁自律、奉公守法，以主人翁的精神对待工作，并不断掌握业务知识。这就要求保管员在不断提高自身建设的同时，还要懂物资名称、规格、型号、产地、计量单位、包装含量、安全标记等；懂物资的基本性能及用途，懂业务流程及业务技术保安规程，并能根据物资的性质合理设置各类物资明细账簿和台账；根据物资的类别、性质、用途分别建立相应的明细账及材料卡片。

（2）做好各类物资的日常核查工作。坚持永续性盘点，做到日清月结，账、卡、物、资金四相符，并在日常的物资管理中严格按“四号定位、五五摆放”操作，并按要求做到“上苫下垫”。

（3）严格按物资信息化管理系统和仓库管理规程进行日常操作。仓库保管员对当日发生的业务必须及时地、依次地录入信息系统，确保信息系统中物料收、支、结存数据的正确无误，同时保证信息系统内的数据是最新的，以便为相关人员提供准确、及时的信息，确保各项工作的顺利进行。

（4）仓库保管员必须根据生产计划及仓库库存情况向相关人员提供合理的采购数量，并严格控制各类物资的库存量。有条件的单位逐步实行零库存；仓库保管员必须定期进行各类存货的分类整理，对存放期限较长、逾期失效等不良存货，要按月编制报表，报送至相关人员及部门，各相关人员及部门对各类不良存货每月必须提出处理意见，责成相关部门及时加以处理。

2. 材料的入库管理

材料入库时，采购人员必须凭送货单、检验合格单办理入库手续，保管员需根据送货单、检验合格单、月份采购计划查点货物的规格、型号、数量、质量，进行验收入库，资证等不齐全的，保管员有权拒绝该物资入库，并不得办理入库手续。未经办理入库手续的物资可做待检物资处理放置在待检区域内，经检验不合格的物资一律放置在不合格区域内，并向相关人员报告，以待处理。

入库材料在未收到相应验收单据前，仓库保管员必须建立待验物资明细账，并根据到货物资检验单及到货登记等及时对货到发票未到的物资进行估价入库处理（如在当月发票能到的可暂不做估价）；在收到验收单据后，冲销货到发票未到收料单，并开据材料票到收料单，于月底将货到发票未到材料清单上报至相关人员及相关部门。

在填制验收单时，要求物资名称、规格、型号、单位、原发数量、实到数量、价格、供应单位名称、发票号等填写齐全，同时收料单上须有保管员及经手人、单位主管、财务人员的签字。如属用发票做抵冲的，应在备注栏中注明原入库时间。因质量、数量等原因而发生的退、换货情况，必须由技术、质检部门相关人员填写退、换货处理单，同时办理退、换货手续。退、换回物资到货后，仍应按以上方式处理并验收入库。

3. 出库管理

各类材料的出库要采用先进先出的原则，同时做到限额领料。基层单位领用的材料必须由基层单位主管人员签字或盖章，领料人员凭领料单或相关凭证到仓库领料。要求领料单各项内容填写齐全，不涂抹、不挖补、不篡改、不潦草。物料保管人员根据领料单据核对物资名称、规格、数量、单价、金额后方可进行发料、记账处理。

4. 报表及其他管理

保管员在月末结账前应与基层单位及相关部门做好物料进出的衔接工作，要求做到计算口径一致，确保成本核算的准确性。

及时报送各类报表（如各类物资收、支、存结算表，材料消耗汇总表，三个月以上无动态物资报表，待验物资明细表，月末库存盘点表等），并于每月月末对在库物资进行盘点清查，发现问题和差错应及时查明原因，并及时向业务部门及领导汇报后进行相应的处理。如属技术更新需进行报废处理时，一律不准擅自调整，必须按审批程序经各级领导审核批准后方可进行处理。若发现物料损失或质量上的问题（如超期、受潮、生锈、老化、变质或损坏等），应及时以书面形式向有关部门汇报。

任务二　库存盘点作业实训

任务总目标

1. 掌握盘点作业准备工作。

2. 掌握盘点作业实施。

3. 了解盘点盈损的原因及处理。

盘点作业是指为确定仓储内或者其他场所内的库存材料、半成品或成品的流动情况（入库、在库、出库的流动状况），将储存货物的实际数量和账目上的库存量进行核对，以便准确掌握库存数量。通过盘点作业，能够帮助仓库管理人员掌握实际库存量，明确损耗并加以改善，加强了库存管理和物料控制。

盘点作业准备

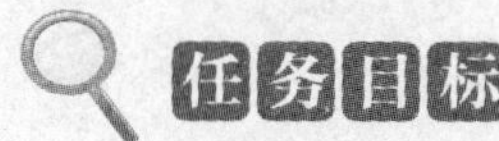

1. 会为盘点作业做好各项准备工作。
2. 懂得对盘点作业的人员进行培训和分工安排，协商各个涉及的部门。
3. 懂得盘点作业的注意事项。

任务描述

东莞加德物流的 1 号仓库定于 9 月 30 日进行月末进行盘点。任务：仓库需通知财务部、信息部、客户及供应商等 9 月 30 日08：00进行月末盘点作业，要求 9 月 30 日 08：00 之后保持仓库的静态，停止对外收发货，让各部门积极配合相关工作。任务要求：①组建 6 人小组，根据分担的不同的角色在不同的指定区域内进行作业，对仓库盘点作业进行准备工作。角色分配：单据员 1 名，仓管员 1 名，仓储主管 1 名，财务人员 1 名，供应商和客户（门店人员）1 名（共演），复盘员 1 名。②填写相应的单据：盘点表、盘点作业通知单。

一、相关知识

（一）货物盘点目的

1. 核查现有库存量

通过盘点确认货物的实际库存数量，核查库存账面数量与实际库存数量一致。

2. 确认企业损益

货物库存量在一定程度上直接反映企业流动资产的使用情况和企业的损益。库存量过高，流动资金的正常运转将受到威胁，通过准确盘点能计算出企业实际损益。

3. 提高货物的在库管理水平

通过盘点可以了解存货周转率以及货物保管、养护等情况，检查库存的数量，发现呆品、废品查明盈亏的原因，发现作业与管理中存在的问题，以便采取相应的改善措施，并通过解决问题来改善作业流程和作业方式，提高人员素质和企业的管理水平。

（二）盘点方法

1. 账面盘点法

账面盘点又称永续盘点，即把每天入库及出库货物的数量和单价记录在计算机或账簿上，然后不断地累计加总算出账面上的库存量及库存金额。通常对在库的“次要”物品采用账面盘点的方法进行盘点面盘点，一般一个月或一个季度进行一次实物盘点。采用此种盘点方法时不必实地盘点，可以随时从资料或电脑系统里核查货物的库存量。

2. 实物盘点法

实物盘点又称现货盘点，即到仓库里现场清点库存货物的数量。通常对在库的“重要”物品采用实物盘点的方法进行盘点。对“重要”物品每天或每周至少对实物清点一次。

3. 账物盘点

通常对在库的“一般”物品采用账物盘点的方法进行盘点。如相对“重要”物品每天或每周至少对实物清点一次，而相对“次要”物品则采用账面盘点，一般一个月或一个季度进行一次实物盘点。

（三）货物盘点作业流程

货物盘点的作业流程如图 3－1 所示。

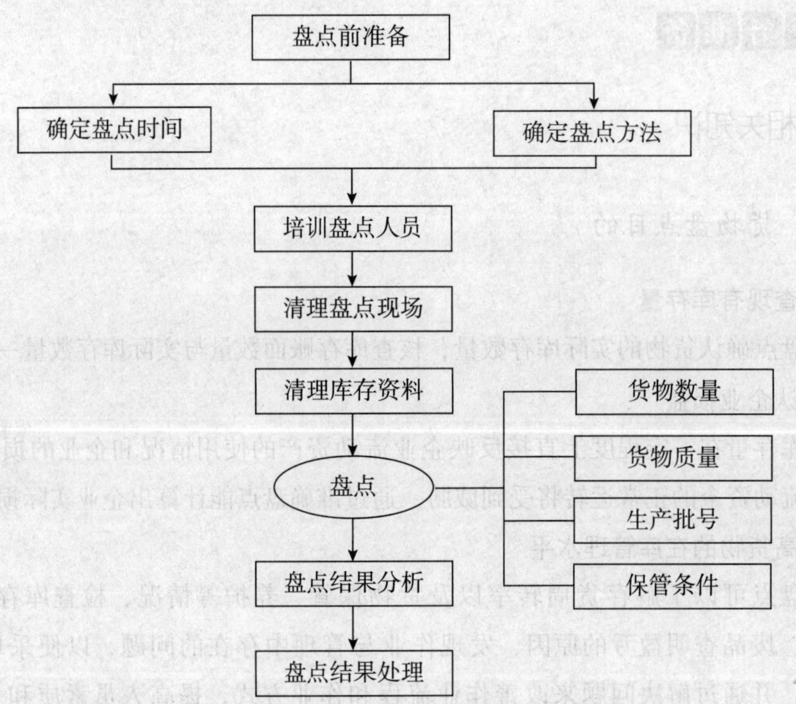

图 3－1　货物盘点的作业流程

二、材料与工具

①盘点作业通知单；②盘点表；③盘点人员培训资料；④物流设备若干：RF、叉车等。

任务实施

盘点工作中需要与多个部门进行衔接作业，应清楚了解不同部门之间的分工合作，如图 3－2 所示。

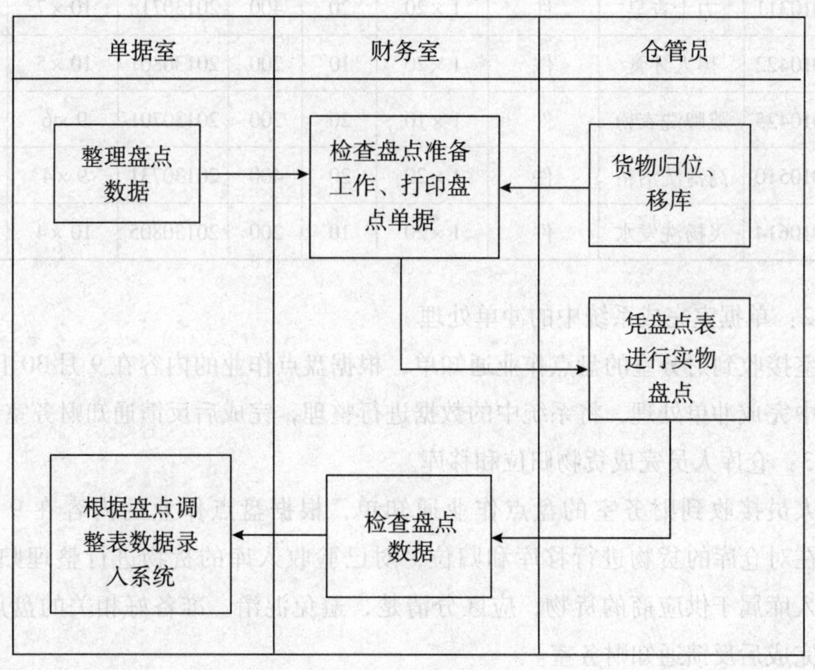

图 3－2 盘点相关部门关联流程

实施步骤

步骤 1：确定盘点时间和盘点方法。

财务室确定盘点时间为 9 月 30 日上午 08：00，选择实物盘点的盘点方法。在 9 月 25 日之前，财务室制好盘点作业通知单（见表 3－6）和货物盘点表（见表 3－7），并将盘点作业通知单分发给相关部门，包括单据室、仓库、各门店和供应商。要求相关部门在 9 月 30 日 08：00 之后做好相关盘点工作准备，相关部门均要保持仓库的静态，停止对外发货和收货。让各部门积极配合相关工作。

表 3－6　　盘点作业通知单

发送单位：	接收单位：	日期：　年　月　日
兹定于　年　月　日　点进行盘点作业，要求相关部门做好相关的准备。望相互通知。		
发送人：（签章）	接收人：（签章）	日期：　年　月　日

表 3－7　　货物盘点表

客户：好口味日用品有限公司　制单日期：9 月 25 日　操作员：常思宇

盘点单号：30000925001

序号	货位	品名	计量单位	包装规格	件数	数量	批号	装盘建议	备注
1	30010311	力士香皂	件	1×20	20	400	20130718	10×7	
2	30010422	黑人牙膏	件	1×20	10	200	20130801	10×5	
3	30010425	雕牌洗衣粉	件	1×10	20	200	20130701	9×6	
4	30010510	高富洗洁精	件	1×20	20	400	20130731	9×4	
5	30010614	飞扬洗发水	件	1×20	10	200	20130805	10×4	

步骤 2：单据室完成系统中的冲单处理。

单据室接收到财务室的盘点作业通知单，根据盘点作业的内容在 9 月 30 日 08：00 前在系统中完成冲单处理，将系统中的数据进行整理，完成后反馈通知财务室。

步骤 3：仓库人员完成货物归位和移库。

仓库人员接收到财务室的盘点作业通知单，根据盘点作业的内容在 9 月 30 日 08：00前在对仓库的货物进行移库和归位，对已验收入库的货物进行整理归入储位，对未验收入库属于供应商的货物，应区分清楚，避免混淆。准备好相关的盘点作业操作设备，完成后反馈通知财务室。

步骤 4：盘点人员培训。

财务室对盘点人员进行培训，针对盘点作业的操作流程和操作规范进行指导，并强调盘点作业的注意事项。

（1）明确盘点时间：9 月 30 日 08：00—15：00。

（2）盘点方法：实物盘点。

（3）盘点对象：1 号、2 号、3 号仓库的所有货物。

步骤 5：检查盘点作业准备工作的完成情况。

财务室对相关部门完成的盘点作业准备工作进行检查，包括单据室的冲单处理情况；仓库货物的移库和归位情况；盘点设备的准备情况；盘点人员的组织情况；供应商及门店的通知情况。重点检查各部门是否完成盘点的准备工作。

盘点准备工作实训任务评价如表 3－8 所示。

表 3－8　　盘点准备工作实训任务评价

客户名称：　　　　组别：　　　　成员：

	项　目	分值（分）	自我评价（30%）	其他组评价（40%）	教师评价（30%）	合计（100%）
考核标准	盘点前期分工情况、准备工作	5				
	单据室完成情况	5				
	仓库完成情况	5				
	财务室完成情况	15				
	盘点人员培训情况	5				
	填写盘点通知单正确规范	15				
	填写盘点表正确规范	10				
	盘点作业流程完整，没有遗漏	10				
	岗位职责明确，适应能力强	10				
	人员分工明确，各部门协作性好	10				
	仓管“5S”管理规范	10				
合　计		100				

注：考核满分为 100 分。60 分以下为不及格；60～69 分为及格；70～79 分为中等；80～89 分为良好；90 分以上为优秀。

循环盘点法

在日常运营中，企业要实施全盘的情况是相对较少的，因为全盘要求企业在一定时间内停止作业，这对正常运营的企业而言是比较困难的。更多的情况下，使用循环盘点法的情况更多。

1. 循环盘点法的概念

循环盘点法是将物资逐区、逐类、分批、分期、分库连续盘点，或者在某类物资达到最低存量时，即加以盘点。每天、每周盘点一部分货物，一个循环周期将每种货物至少清点一次的方法。

循环盘点通常对价值高或重要的货物检查的次数多，而且监督也严密一些，而对价值低或不太重要的货物盘点的次数可以尽量少。循环盘点一次只对少量货物盘点，所以通常只需保管人员自行对照库存数据进行点数检查，发现问题按盘点程序进行复核并查明原因，然后调整。也可以采用专门的循环盘点单登记盘点情况。

2. 循环盘点法的优缺点

（1）优点。

①循环盘点法可以将年度集中清查盘点的繁重工作有节奏地分散到平时进行，既不妨碍物资收发工作的正常进行，又能使仓库管理人员充分利用作业的间隙。

②循环盘点法盘点时不必关闭工厂与仓库，可减少停工的损失。

③循环盘点法能及时发现库存情况。

（2）缺点。

①循环盘点法要求有专业盘点人员常年划分物资类别，利用其丰富的经验连续盘点。

②循环盘点法所耗时间较长，一般由仓库人员完成，监督力度不够。

3. 循环盘点法的实施程序

（1）每日任意抽出以 10 为单位的物资进行盘点，在一个月内转遍全部的物资。

（2）计算抽出来的物资的实际库存数量。

（3）把库存的实数和计算机里的数据对照，找出差异。

（4）若有差异，就要追究其原因，最后还要把计算机里的数据和仓库里的实物进行对照。

盘点作业实施

任务目标

1. 懂得库存盘点作业流程。

2. 懂得盘点作业实施中的操作规范和注意事项。

任务描述

某仓库定于 9 月 30 日进行月末盘点。任务：仓库需通知财务部、信息部、客户以及供应商等 9 月 30 日 08：00 进行月末盘点作业，要求 9 月 30 日 08：00 之后保持仓库的静态，停止对外收发货，让各部门积极配合相关工作。任务要求：①组建 6 人小组，根据分担的不同的角色在不同的指定区域内进行作业，对仓库盘点作业进行准备工作。角色分配：仓管员 3 名，仓储主管 1 名，财务人员 1 名，复盘员 1 名。②填写相应的单据。③进行实物盘点，检查核对盘点结果。

一、相关知识

1. 库存盘点作业的“6 检查”

库存盘点作业实施中最重要的检查内容包括以下几项。

（1）检查物料的堆放、保管条件及维护情况。

（2）检查物料账上数量、实物数量、标识卡上数量是否一致。

（3）检查物料账上生产批次、实物生产批次是否一致。

（4）检查物料的质量情况。

（5）检查物料有无超储积压、损坏变质。

（6）检查对不合格品及呆料的处理。

2. 货物盘点表（见表 3 - 9）正确填写的要求

（1）填写正确的盘点时间（为正式盘点的当天），把盘点的起始时间和结束时间填写完整。

（2）盘点人员在相应处签名。

（3）在填写货物盘点表时字迹要工整，不允许涂改，数字的书写不要连笔。

（4）盘点的“备注”一栏中如发现破损、短缺或与盘点单不符等情况须在此栏做出注明，盘点人须签名。

表 3 - 9　　货物盘点表

客户：　　制单日期：　月　日　　操作员：

盘点单号：　　仓库编号：

盘点日期：月　日　　起始时间：　　结束时间：

初盘员：　　复盘员：

序号	货位	品名	计量单位	包装规格	件数	数量	批号	装盘建议	备注

3. 货物盘点作业流程

货物盘点的作业流程如图 3 - 3 所示。

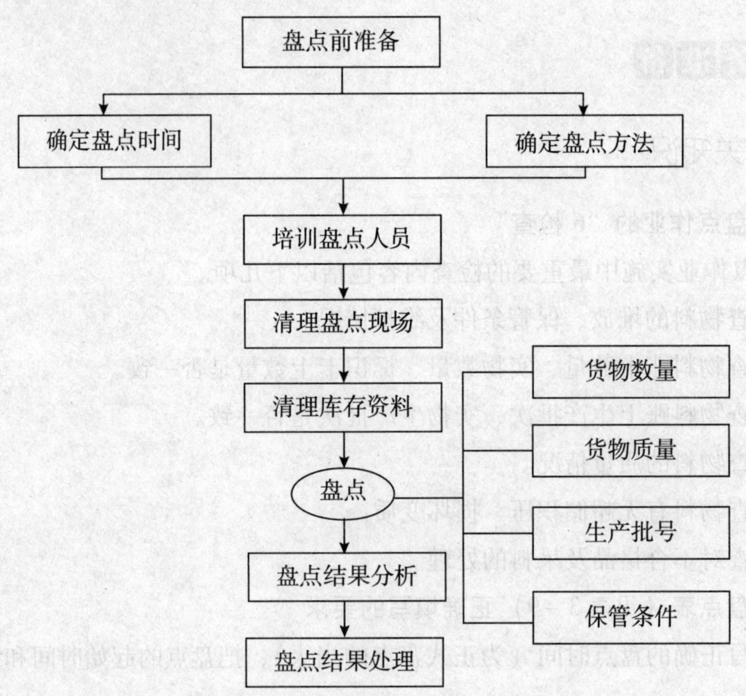

图 3－3　货物盘点的作业流程

二、材料与工具

盘点作业通知单、盘点表、高位叉车、笼车、托盘、RF 等，计算器、红（蓝）色圆珠笔。

任务实施

盘点工作中需要与多个部门进行衔接作业，应清楚了解不同部门之间的分工合作，如图 3－4 所示。

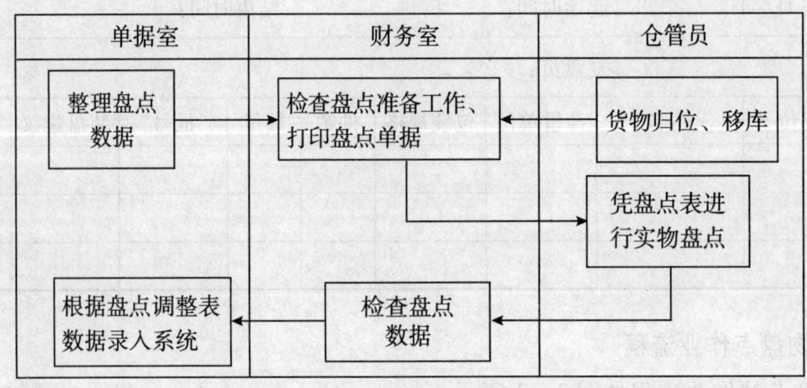

图 3－4　盘点相关部门关联流程

实施步骤

（1）明确盘点时间：9 月 30 日 08：00—15：00。

（2）盘点方法：实物盘点。

（3）盘点对象：1 号、2 号、3 号仓库的所有货物。

步骤 1：财务室制作货物盘点表（见表 3－10 至表 3－12），交给仓储部。

表 3－10　　货物盘点表 1

客户：好口味日用品有限公司　制单日期：9 月 25 日　操作员：

盘点单号：30000925001　仓库编号：001023

盘点日期：　年　月　日　起始时间：　结束时间：

初盘员：　复盘员：

序号	货位	品名	计量单位	包装规格	件数	数量	批号	装盘建议	备注
1	23010311	力士香皂	件	1×20	20	400	20130718	10×7	
2	23010422	黑人牙膏	件	1×20	10	200	20130801	10×5	
3	23010425	雕牌洗衣粉	件	1×10	20	200	20130701	9×6	
4	23010510	高富洗洁精	件	1×20	20	400	20130731	9×4	
5	23010614	飞扬洗发水	件	1×20	10	200	20130805	10×4	

表 3－11　　货物盘点表 2

客户：鸿发食品有限公司　制单日期：9 月 25 日　操作员：

盘点单号：30000925002　仓库编号：002011

盘点日期：　年　月　日　起始时间：　结束时间：

初盘员：　复盘员：

序号	货位	品名	计量单位	包装规格	件数	数量	批号	装盘建议	备注
1	11010123	飞鱼花生豆	件	1×50	30	1500	20130711	10×9	
2	11010223	华美华夫饼	件	1×20	20	400	20130911	10×5	
3	11010334	名典咖啡	件	1×20	20	400	20130810	9×5	
4	11010431	阿尔卑斯糖	件	1×50	30	1500	20130730	9×6	
5	11010564	嘉顿威化饼	件	1×10	30	300	20130905	10×5	

表 3－12　　货物盘点表 3

客户：美亚食品有限公司　　制单日期：9 月 25 日　　操作员：

盘点单号：30000925003　　仓库编号：002021

盘点日期：　年　月　日　　起始时间：　　结束时间：

初盘员：　　复盘员：

序号	货位	品名	计量单位	包装规格	件数	数量	批号	装盘建议	备注
1	21010311	向日葵饼干	件	1×20	20	400	20130722	9×6	
2	21010422	旺旺烤饼	件	1×20	20	400	20130901	9×5	
3	21010425	康师傅方便面（老坛酸菜味）	件	1×8	30	240	20130713	10×6	
4	21010510	彩虹口香糖	件	1×30	30	900	20130724	9×6	
5	21010614	美极泡芙	件	1×20	10	200	20130806	10×6	

步骤 2：仓管主管分配工作。

仓库主管根据财务室的盘点表进行盘点作业的准备和分工。仓管员 1 负责 1 号仓库，仓管员 2 负责 2 号仓库，仓管员 3 负责 3 号仓库。将对应的盘点表交给相应的仓管员。

步骤 3：仓管员进行盘点作业。

①仓管员在规定的时间里完成盘点作业。

②仓管员要认真负责地完成相关盘点作业，如有问题请用蓝笔在备注上做好相应标识。

③仓管员必须按规范诚信操作，安全第一。

④高位作业时由叉车员驾驶叉车协助仓管员完成盘点作业。

步骤 4：复盘员进行复盘作业。

初盘后由复盘员进行复盘作业，复盘员不应受初盘员的影响，要仔细盘点物资。应特别将有问题的库存进行复盘。复盘结果与初盘结果有差异的，复盘员应与初盘员共同查找原因，并在盘点表上用红笔作出标识和签名。

步骤 5：仓库主管检查盘点结果，并将单据交给财务室。

①仓管员将盘点单整理，做好相应的标识交还给仓库主管。

②仓库主管检查盘点结果，根据盘点表汇总统计物资的库存数量等，分析盘点结果并作出相应的处理，并将盘点单据交给财务室核查登记。

任务评价

盘点工作实训任务评价如表 3－13 所示。

表 3－13　　盘点工作实训任务评价

客户名称：		组别：			成员：	
	项　目	分值（分）	自我评价（30%）	其他组评价（40%）	教师评价（30%）	合计（100%）
考核标准	盘点作业分工情况、准备工作	10				
	仓管员操作情况	15				
	复盘员操作情况	10				
	仓库主管操作情况	10				
	填写盘点表正确规范	15				
	盘点作业流程完整，没有遗漏	10				
	岗位职责明确，适应能力强	10				
	人员分工明确，各部门协作性好	10				
	仓管“5S”管理规范	10				
合　计		100				

盘点盈损的原因及处理

任务目标

1. 懂得找出盘点作业的盈损的原因。
2. 能够处理盘点盈损。

任务准备

一、相关知识

1. 货物盘点结果的评估

（1）盘点数量误差＝实际库存数－账目库存数。

（2）盘点数量误差率＝盘点数量/实际库存数×100%。

（3）盘点品项误差率＝盘点误差品项数/盘点实际品项数×100%。

（4）盘点次数比率＝盘点误差次数/盘点执行次数×100%。

（5）平均每件盘差金额 = 盘差误差金额/盘差总件数。

（6）平均每品项盘差次数率 = 盘差次数/盘差品项数 × 100%。

2. 货物盘点结果分析

当盘点工作结束后，若发现账货不符的情况，应追查差异的原因。通常的原因有以下几点。

（1）账上系统记录库存数量时多记、漏记或误记等导致数据出错。

（2）保管作业不善或不当导致货物损坏、变质、霉烂或丢失等人为货物损失。

（3）验收与发货清点有误。

（4）盘点时盘点员未尽职尽责，误盘、重盘和漏盘等。

3. 货物盘点作业流程

货物盘点的作业流程如图 3－5 所示。

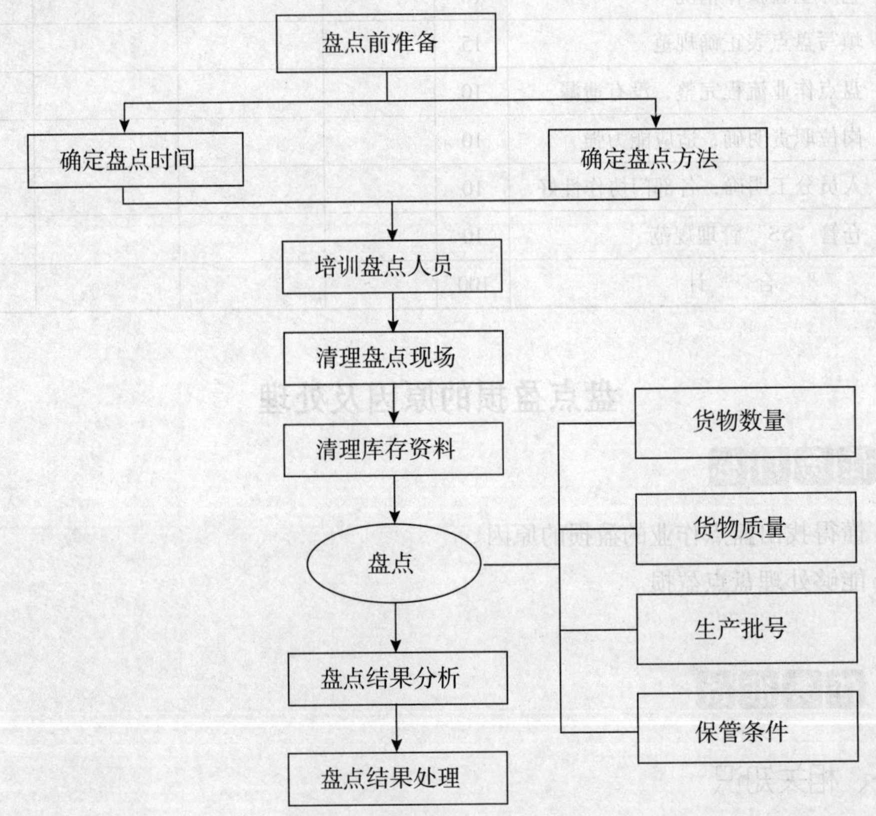

图 3－5　货物盘点作业流程

二、实训准备

（1）库存余量调节表如表 3－14 所示。

（2）呆滞处理记录表如表 3－15 所示。

表 3－14 **库存余量调节表**

编号： 日期： 年 月 日

盘点单编号	存货编号	品名/规格	单位	库存数量			单价	金额	账面数量	差异			备注
				盘点	增（或减）	调整后				数量	单价	金额	

表 3－15 **呆滞处理记录表**

编号： 日期： 年 月 日

物料名称		物料编号		数量	
处理方式	□废弃 □转用 □转售 □其他处理方式				
处理说明		处置部门			
损失分析					

任务实施

盘点工作中需要与多个部门进行衔接作业，应清楚了解不同部门之间的分工合作，如图 3－6 所示。

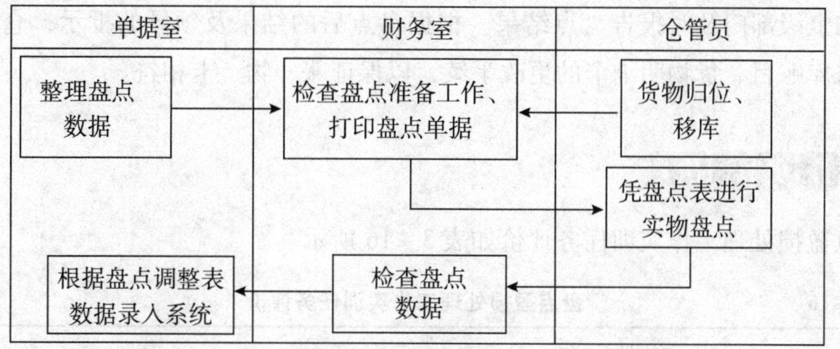

图 3－6 盘点相关部门关联流程

盘点盈损的处理方法有以下几种。

（1）依据管理绩效，对分管人员进行奖惩。

（2）对废次品、不良品减价的部分，应视为盘亏。

（3）存货周转率低，占用金额过大的库存货物宜设法降低库存量。

（4）盘点工作完成以后，所发生的差错、呆滞、变质、盘亏、损耗等结果，应予以迅速处理，并防止以后再发生。

（5）呆滞品比率过大，宜设法研究，致力于降低比率。

（6）货物除了盘点时产生数量的盘亏外，有些货物在价格上会产生增减，这些差异经主管部门审核后，必须利用货物盘点盈亏及价格增减更正表修改。

（7）库存盘点的结果一般都是盘损，即实际货品值小于账面值，但只要盘损在合理范围内，应视为正常。盘损率若在 2% 以下，则可以进行账务调整；若超过 2% 以上，则应追查差异原因。

（8）自然溢损。

①物品、原材料、物料采购进仓后，在盘点中会出现干耗或吸潮升溢，如食品中的米面及其制品、干杂货等，在升损率合理的范围内，可填制“升损报告书”，经主管审查后，做“营业外收入”或“管理费”处理。

②超出合理升损率的损耗或溢余，应先填制升损报告书，查明原因，说明情况，报部门经理审查，按规定在“营业外收入”或“管理费”科目内处理。

（9）人为溢损：人为溢损应查明原因，根据单据报部门经理审查，根据有关规定按“待处理收入”或“待处理费用”科目处理。

（10）调整账面数量。当盘点实际数量与账面数量不符时，仓库管理人员或经管部门负责人应对其产生差异的原因进行分析，并将盘点结果上报给相关管理部门，根据管理部门的批示，调整相应的账面数量。

（11）上报盘点结果。通过盘点工作，查清实际库存后，仓库管理人员及其他相关人员应向上级部门及时报告盘点结果。根据盘点后的结果及领导的批示，仓库管理人员办理账库账目、货物明细卡的更改手续，以保证账、物、卡相符。

任务评价

盘点盈损处理工作实训任务评价如表 3－16 所示。

表 3－16　盘点盈损处理工作实训任务评价

组别：　　　　成员：

	项　目	分值（分）	自我评价（30%）	其他组评价（30%）	教师评价（40%）	合计（100%）
考核标准	前期分工情况、准备工作	15				
	填写库存余量调节表正确规范	25				
	填写呆滞处理记录表正确规范	15				
	盘点盈损处理作业流程完整，没有遗漏	15				

续 表

考核标准	项　　目	分值（分）	自我评价（30%）	其他组评价（30%）	教师评价（40%）	合计（100%）
	岗位职责明确，适应能力强	10				
	人员分工明确，各部门协作性好	10				
	仓管“5S”管理规范	10				
合　计		100				

注：考核满分为100分。60分以下为不及格；60～69分为及格；70～79分为中等；80～89分为良好；90分以上为优秀。

任务三　流通加工实训

任务目标

1. 懂得流通加工的意义。
2. 掌握流通加工的各种操作形式。

任务描述

流通加工是物流中对货物赋予附加值的一项方式，是一种低投入、高产出的方法，是物流中重要的利润源，往往操作起来比较简单。实践证明，有些货物通过简单的流通加工改变其装潢使货物档次跃升而实现销售更高的价格，为企业提供了利润，其成效不亚于从运输和储存中挖掘的利润。学生通过实训不仅能熟练流通加工过程中物流设施设备的操作，而且能加深对“物流是第三利润源”的论断的理解。

任务准备

一、相关知识

1. 流通加工与生产加工的区别

（1）加工的对象不同。流通加工的对象是进入流通领域的商品；生产加工的对象不是最终商品而是原材料、零配件、半成品。

（2）加工程度的深浅的不同。流通加工大都为简单加工，是生产加工的一种辅助和补充；而生产加工则较为复杂。

（3）加工的目的不同。生产加工的目的是创造价值和使用价值；流通加工的目的是完善商品的使用价值并在对原商品不做大的改动情况下提高其价值。

（4）组织加工者的不同。流通加工的组织者是从事流通工作的商业企业或物流企业；而生产加工的组织者则是生产企业。

2. 流通加工的类型

（1）剪板加工。

（2）集中开木下料。

（3）燃料掺配加工。

（4）冷冻加工。

（5）分选加工。

（6）精制加工。

（7）分装加工。

（8）组装加工。

（9）定造加工。

二、材料与工具

设置流通加工的情景；流通加工的产品和包装材料。

实施步骤

步骤 1：学生分组讨论流通加工与生产加工的区别、流通加工的类型等知识点。

步骤 2：每组派代表展示讨论归纳结果。

步骤 3：学生分组对产品进行简单的流通加工（分装和打包）。

准备一批货物和打包器材，结合现代物流信息技术进行流通加工处理，将准备的货物进行分装和打包。

（1）生成流通加工任务单。信息员在仓储管理系统中按流通加工任务单的要求，生成流通加工订单。

（2）启动流通加工作业。利用手持终端下载流通加工作业任务并启动。

（3）流通加工下架。利用手持终端下载流通加工下架任务，取空周转箱和手推车至小件存放区，扫描货位条码和货品条码，将货品从相应货位取出放至周转箱，利用手推车搬运至加工作业区。

（4）流通加工操作。利用手持终端下载流通加工操作指令；到加工作业区，按要求取货品和包装材料，进行加工操作；将准备的货物进行分装和打包，扫描加工后的货品条码确认完成该加工操作。

（5）流通加工上架。利用手持终端下载流通加工上架任务，取空周转箱和手推车至加工作业区，扫描加工完成的货品条码，获得目标货位后，将货品搬运至小件存放区并放入指定货位，扫描货位条码确认上架任务。

（6）流通加工完成确认。利用手持终端确认完成流通加工作业。

步骤4：老师点评与总结。

工作页（工作记录）如表3－17所示。

表3－17 工作页（工作记录）

班别		姓名		学号	
项目名称		工作内容			
工作岗位		作业员			
项目组		负责人（组长）			
小组成员					
工作过程：					
工作反思（小结）：					
项目组评定：					
教师点评：					

任务评价

流通加工任务评价如表3－18所示。

表3－18 流通加工任务评价

组别：			成员：			
	项目	分值（分）	自我评价（30%）	其他组评价（30%）	教师评价（40%）	合计（100%）
考核标准	前期分工情况、准备工作	10				
	归纳总结，知识整理	20				
	小组展示	20				
	流通加工实施情况	20				
	岗位职责明确，适应能力强	10				
	人员分工明确，各部门协作性好	10				
	仓管“5S”管理规范	10				
合计		100				

注：考核满分为100分。60分以下为不及格；60～69分为及格；70～79分为中等；80～89分为良好；90分以上为优秀。

如何实现流通加工的合理化

流通加工合理化指实现流通加工的最优配置，不仅做到避免各种不合理流通加工，使流通加工有存在的价值，而且综合考虑流通加工与配送、运输、商流等的有机结合，做到最优的选择，以达到最佳的流通加工效益。

实现流通加工合理化，主要应考虑以下几方面。

1. 加工和配送相结合

加工和配送相结合就是将流通加工点设置在配送点中，一方面按配送的需要进行加工；另一方面加工又是配送业务流程中分货、拣货或配货作业的一环，加工后的产品直接投入配货作业。这就无须额外单独设置一个加工的中间环节，使流通加工有别于独立的生产加工，而使流通加工与中转流通巧妙地结合在一起。同时，由于配送之前有加工，可使配送服务水平大大提高。这是当前对流通加工合理选择的重要形式，在煤炭、水泥等产品的流通中被广泛使用并已表现出较大的优势。

2. 加工和配套相结合

在对配套要求较高的流通中，配套的主体来自各个生产单位，但完全配套有时无法全部依靠现有的生产单位。进行适当的流通加工，可以有效地促成配套，大大提高流通作为连接生产与消费的桥梁和纽带作用。

3. 加工和合理运输相结合

流通加工能有效地衔接干线与支线运输，促进两种运输形式的合理化。利用流通加工，在支线运输转干线运输或干线运输转支线运输这种本来就必须停顿的物流环节，不进行一般的干线转支线或支线转干线，而是按照干线或支线运输的合理要求进行适当加工，加工完成后再进行中转作业，从而大大提高运输效率及运输转载水平。

4. 加工和商流相结合

通过流通加工有效地促进销售，提高商流的合理化程度，也是流通加工合理化的考虑方向之一。流通加工与配送的结合，提高了配送水平，强化了销售，也是流通加工与合理商流相结合的一个成功例证。

此外，通过简单地改变包装、形成方便的购买量，通过组装加工，解除用户使用前进行组装、调试的麻烦或困难，都是流通加工有效促进商流的例子。

5. 加工和节约相结合

节约能源、节约设备、节约人力、节约耗费是流通加工合理化的重要考虑因素，也是目前我国设置流通加工时考虑其合理化的比较普遍的形式。

对于流通加工合理化的最终判断，应看其能否实现社会和企业本身的两个效益，而且是否取得了最优效益。对流通加工企业而言，与一般生产企业一个重要的不同之处是，流通加工企业更应把社会效益放在首位。如果片面追求企业的微观效益，不适当地进行加工，甚至与生产企业争利，不仅有违流通加工的初衷，而且其本身已不属于流通加工的范畴了。

项目四　出库作业实训

任务目标

熟悉货物出库的整个操作流程，能以小组为单位按岗位合作完成出库作业的整个流程操作。提高学生对出库作业的实际操作步骤和操作环节的理解和掌握，从而提高出库作业的正确率和工作效率。

项目背景

加德物流配送中心接到一张客户订单，仓库必须对客户订单进行审核、处理、分拣、检查、包装、货物交接等出库作业。

任务一　出库作业流程设计实训

任务目标

根据仓库布局和客户作业要求，为出库业务设计工作过程，并绘制一份出库业务流程图。

任务描述

观看物流公司的出库视频，根据货物出库流程画出出库作业流程图。

任务准备

一、相关知识

货物出库时，一般要经过下述两大工作程序。

（一）出库准备

1. 对货物原件的包装整理

货物经过多次装卸、堆码、翻仓和拆检会使部分包装受损，不适宜运输要求。因此，仓库必须视情况事先进行整理、加固或改换包装。

2. 对零星货物进行组配、分装

根据货主需要，有些货物需要拆零后出库，仓库应为此事先做好准备，备足零散货物，以免因临时拆零而延误发货时间：有些货物需要进行拼箱，因此，应做好挑选、分类、整理和配套等准备工作。

3. 准备好包装材料、作业工具及相关用品

对从事装、拼箱或改装业务的仓库，在发货前应根据性质和运输部门的要求，准备各种包装材料及相应的衬垫物，以及刷写包装标志的用具、标签、颜料、钉箱、打包等工具。

4. 安排好待运货物的仓容，调配好装卸机具

货物出库时，应留出必要的理货场地，并准备必要的装卸搬运设备，以便运输人员提货发运和及时装载货物，加快发送速度。

5. 合理组织发货作业

发货作业是一项涉及人员多、处理时间紧、工作量大的工作，进行合理的人员组织和机械协调是完成发货的必要保证。

（二）出库作业

实际的出库工作包括下述5个步骤。

第一步：出库时首先要核对出库凭证。

出库凭证，无论是领（发）料单还是调拨单，均应由主管分配的业务部门签章。出库凭证应包括：收货单位名称（用料单位名称）、发货方式（自提、送料、代运）、货物的名称、规格、数量、单价、总价、用途或调拨原因、调拨单编号、有关部门和人员签章、付款方式及银行账号。

仓库接到出库凭证后，由业务部门审核证件上的印签是否齐全相符，有无涂改。审核无误后，按照出库单证上所列的货物品名规格、数量与仓库料账再做核对。无误后，在料账上填写预拨数后，将出库凭证移交给仓库保管人员。保管员复核料卡无误后，即可做货物出库的准备工作，包括准备随货出库的物品技术证件、合格证、使用说明书、质量检验证书等资料。

凡在证件核对中，有货物名称、规格型号不对的，印签不齐全、数量有涂改、手

续不符合要求的，均不能发货出库。

第二步：出库凭证核对无误后，要进行备货。

保管员对商品会计转来的货物出库凭证复核无误后，按其所列项目内容和凭证上的批注，与编号的货位对货，核实后进行配货。

对实行送货制的出库货物还要进行理货，即将货物按地区代号搬运到备货区号，再进行核对、置唛、复核和待运装车等。

(1) 核对。理货员根据货物场地的大小、车辆到库的班次，对到场货物按照车辆配载、地区到站编配分堆，然后对场地分堆的货物进行单货核对，核对工作必须逐车、逐批地进行，以确保单货数量、品唛、去向完全相符。

(2) 置唛。搞好理货工作，必须准确置唛。实行送货制的出库货物，为方便收货方的收转，理货员必须在应发货物的外包装上刷置收货单位简称。置唛应在货物外包装两头，字迹清楚，不错不漏；复用旧包装，必须刷除原有标志；如系粘贴标签，必须贴牢固，便于收货方收转。

(3) 待运装车。车辆到库装载运货物时，理货员要亲自在现场监督装载全过程。要按地区到站逐批装车，防止错装、漏装，对于实际装车件数，必须与随车人员一起点交清楚，再将送货通知单和随货同行单证交付随车人员一起送达车站码头。

第三步：货物备好后要全面复核查对。

货物备好后，为了避免和防止备货过程中可能出现的差错，工作人员应按照出库凭证上所列货物进行核查，核查的具体内容包括以下几方面。

(1) 怕震怕潮等货物，衬垫是否稳妥，密封是否严密。

(2) 每件包装是否有装箱单，装箱单上所列各项目是否和实物、凭证等相符。

(3) 收货人、到站、箱号、危险品或防震防潮等标志是否正确、明显。

(4) 是否便于装卸搬运作业。

(5) 能否承受装载物的重量，能否保证在货物运输装卸中不致破损，保障货物的完整。

货物出库的复核查对形式可以由保管员自行复核，也可以由保管员相互复核，还可以设专职出库货物复核员进行复核或由其他人员复核等。

如经反复核对确实不符时，应立即调换，并将原错备物品上刷的标记除掉，退回原库房；复核结余物品数量或重量是否与保管账目、物品保管卡片结余数相符，发现不符应立即查明原因，及时更正。

第四步：要进行登账处理。仓库发货业务中，有先登账后付货和先付货后登账两种做法。

先登账后付货的仓库，核单和登账的环节连在一起，由账务员一次连续完成。这种登账方法可以配合下道保管员的付货工作，起到预先把关的作用。因为根据出库单登账时，除了必须认真核单之外，还可根据货账（仓储账页），在出库单上批注账面结存数，配合保管员付货后核对余数；对于移动货位货物，需随即更正货位，方便保管员按位找货。

先付货后登账的仓库，在保管员付货后，还要经过复核、放行才能登账。它要求账务员必须做好出库单、出门证的全面控制和回笼销号工作，防止单证遗失。按照“日账日清”的原则，在登账时，逐单核对保管员批注的结存数，如与账面结存数不符时，应立即通知保管员，直至查明原因。发现回笼单证中有关人员未签章的，应将原单退回补办签章手续，再做账务记载。虽然保管员付货之前缺少预先把关的机会，但是，对于发货频繁、出库单较多的仓库，为了提高服务质量、缩短零星客户提货等候时间和充分发挥运输能力等，采用这种做法也是可以的。

第五步：货物备好并核对无误后要进行交接清点。

备齐出库货物，经过全面复核查对无误之后，即可办理清点交接手续。如果是用户自提方式，即将货物和证件向提货人当面点清，办理交接手续。如果是代运方式，则应办理内部交接手续，即由货物保管人员向运输人员或包装部门的人员点清交接，由接收人签章，以划清责任。

运输人员根据货物的性质、重量、包装、收货人地址和其他情况选择运输方式后，应将箱件清点，做好标记，整理好发货凭证、装箱单等运输资料，向承运单位办理委托代运手续。对于超高、超长、超宽和超重的货物，必须在委托前说明，以便承运部门计划安排。承运单位同意承运后，运输人员应及时组织力量，将货物从仓库安全无误地点交承运单位，并办理结算手续。运输人员应向承运部门提供发货凭证样本、装箱单，以便和运单一起交收货人。运单总体应由运输人员交财务部门作货物结算资料。

如果是专用线装车，运输人员应于装车后检查装车质量，并向车站监装人员做交接手续。

货物点交清楚，出库发运之后，该货物的仓库保管业务即告结束，仓库保管人员应准确地反映物资的进出、存取的动态。

上述两大工作程序完成后，出库业务就告完结。根据上述工作程序，即可绘制出出库业务工作流程，如图 4－1 所示。

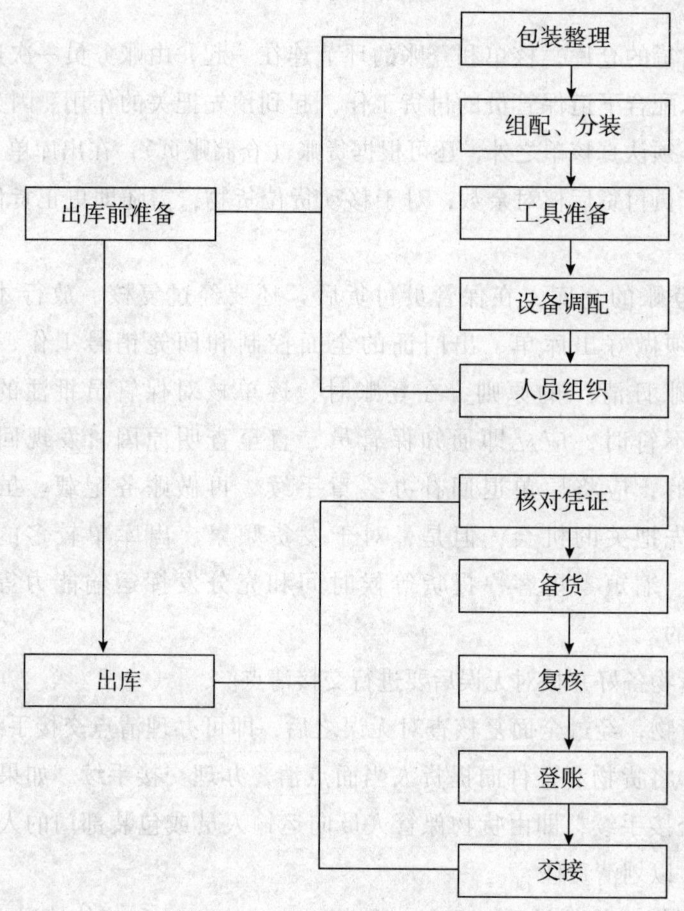

图 4－1　出库业务工作流程

二、材料与工具

出库作业视频、电子白板、多媒体、A4 纸。

实施步骤

步骤 1：观看物流企业出库作业视频。

步骤 2：让学生总结出库作业的基本步骤。

步骤 3：让学生自己设计一个出库流程。

步骤 4：成果展示。

步骤 5：教师点评。

工作页（工作记录）如表 4－1 所示。

表 4－1　　工作页（工作记录）

班别		姓名		学号	
项目名称		工作内容			
工作岗位		作业员			
项目组		负责人（组长）			
小组成员					
工作过程：					
工作反思（小结）：					
项目组评定：					
教师点评：					

任务评价

（1）小组活动评价标准：态度、沟通、展示与效果（30 分）（见表 4－2）。组长组织评价每个组员的工作过程，量化评价标准，总分为 40 分。各项评价标准如下。

①态度：认真完成自学任务，积极参与小组讨论，敢于表达自己观点。

②相互合作：组内互助，分享资源、观点，勇于承担任务。

③沟通：认真倾听别人的观点，并能提出自己的观点。

④成果展示：能准确地汇报或者呈现小组的学习成果。

表 4－2　　小组活动评价标准

小组名称：			组长：	
小组成员	态度（5 分）	相互合作（5 分）	沟通（5 分）	成果展示（15 分）

（2）教师评价标准：根据完成情况量化评价（70 分）（见表 4－3）。

表 4－3　　教师对小组的评价标准

序号	评价指标	分值（分）
1	能在规定时间内小组合作完成工作任务，顺利展示，观点新颖，表述逻辑性强	56～70
2	能在规定时间内完成工作任务，顺利展示，有自己的观点，表述清楚	41～55
3	在老师或其他组的帮助下能完成工作任务并做展示	0～40

物资出库方式

1. 代办托运

仓库接受客户的委托，先根据客户所开的出库凭证办理出库手续，再通过运输部门把货物发运到需方指定的地方。

代办托运的操作方式：由业务部门事先将发货凭证送到运输部门，运输部门经过制单托运，经运输部门批票或派车派船之后，运输部门委托搬运部门，或使用自有车辆向仓库办理提货手续。

这种物资出库方式常用于内、外贸储运公司所属的仓库和产地，口岸批发企业所属仓库是仓库推行优质服务的措施之一。适用于大宗、长距离的货物运输。

代运方式的特点：代办代提、整批发出，与承运部门直接办理物资交接手续。

2. 送货上门

（1）仓库直接把出库凭证所开列的物资送到收货单位所指定的地方。这种方式多为内、外贸储运公司所属的仓库、大型连锁超市公司配送中心（仓库）和产地、口岸批发企业所属的仓库采用。

（2）货主自行给用户提货。这种送货方式的特点：事先来单备货，做好待运准备；承运单位派车到库提货，运送到收货单位办理交接手续。

3. 客户自理（自提方式）

自提方式是指收货单位或受收货单位委托，持货主所开出库凭证并自备运输工具到仓库直接提货。仓库根据出库凭证发货，交接手续应在仓库内当即办理完成。这种出货方式，在产销地批发企业所属的仓库和储存工业原材料工具等商品的仓库广泛采用。

自提方式的特点：提单下仓，随到随发。自提自运，当面点交划清物资的责任。

4. 过户、转仓和取样

过户是一种就地划拨的形式。物资虽未出库，但是所有权已从原有货主转移到新的货主。仓库必须根据原有货主开出的正式过户凭证，才能办理过户手续。

货主单位为了业务方便或改变物资储存条件，需要将某批库存商品从甲仓库转移到乙仓库，这是转仓的出库方式。仓库也必须根据货主单位开出的正式转仓单，才能办理转仓手续。

取样是货主单位根据对物资质量检验、样品陈列等需要，到仓库领取货样的一种方式，仓库必须根据正式取样凭证才能发给样品，并做好账务记录。

任务二 出库作业订单处理实训

任务目标

要求学生掌握客户订单审核的要点，并将客户订单输入仓储管理系统，打印出拣货凭证（拣货单）。

任务描述

东莞嘉德物流公司接到莞客隆批发部的订货单，要求配送中心于2014年3月20日配送30箱怡宝纯净水、45箱康师傅矿物质水。配送中心仓库管理员受理该项业务后，对出库凭证的合法性、真实性进行了审核，然后将客户订单输入仓储管理系统，打印出拣货单。

任务准备

一、相关知识

（一）物品出库的基本要求

1. 严格贯彻“先进先出、易坏先出”的原则

根据商品入库时间的先后，先入库的物资先出库，以确保物资储存的质量。易霉易腐、机能已退化或老化的商品先出库，接近保质期的商品先出库，已经变质的不出库。

2. 出库凭证和手续必须符合要求

出库凭证的格式不尽相同，但是，不论采用何种格式都必须真实、有效。出库凭证不符合要求的，仓库不得擅自发货。特殊情况发货必须符合仓库的有关规定。

3. 严格遵守仓库有关出库的各项规章制度

（1）物资出库必须遵守各项规章制度，按章办事。发出物资必须与提货单、领料单或调拨通知单上所列的名称、规格、型号、单价和数量相符。

（2）未验收的物资以及有问题的物资不得发放出库。

（3）物资入库检验与出库检验的方法应保持一致，以避免人为库存盈亏。

（4）超过提货单有效期尚未办理提货手续，不得发货。

4. 提高服务质量，满足用户要求

物资出库要求做到及时、准确、保值、保量，防止差错事故的发生。工作尽量一次完成，提高作业效率。为用户提货制造各种方便条件，协助用户解决实际问题。

5. 贯彻“三不”“三核”“五检查”的原则

（1）三不：未接单据不翻账、未经审核不备货、未经复核不出库。

（2）三核：在发货时要核对凭证、核对账卡、核对实物。

（3）五检查：对单据和实物要进行品名检查、规格检查、包装检查、件数检查、重量检查。

（二）出库凭证的审核

出库凭证，不论是领（发）料单还是调拨单，均应由主管分配的业务部门签章。出库凭证应包括：收货单位名称（用料单位名称）、发货方式（自提、送料、代运）、货物的名称、规格、数量、单价、总价、用途或调拨原因、调拨单编号、有关部门和人员签章、付款方式及银行账号。

仓储业务部门接到货物出库凭证时，首先要对出库凭证进行仔细的审核工作。审核的主要内容包括以下几方面。

（1）审核出库凭证的合法性和真实性。

（2）审核凭证上的印签是否齐全相符，有无涂改。

（3）核对货物的品名、型号、规格、单价、数量等有无错误。

（4）核对收货单位、到站、银行账号等是否齐全和准确。

（5）出库凭证有无涂改或污损。

（6）提货人的身份核对。

审核无误后，在料账上填写预拨数后，将出库凭证移交给仓库保管人员。保管员复核料卡无误后，即可做货物出库的准备工作，包括准备随货出库的物品技术证件、合格证、使用说明书、质量检验证书等资料。

凡在凭证核对中，有货物名称、规格型号不对的，印签不齐全、数量有涂改、手续不符合要求的，均不能发货出库。如需继续出库，需经原开证单位进行更正并加盖公章后，才能安排发货业务。但在特殊情况下（如救灾、抢险等），可经领导批准先发货，事后在及时补办手续。

（三）订单处理

仓储部门接收并审核订单以后，需要将订单信息输入仓储管理系统（WMS），生成拣货计划。接单作业在仓储作业中具有重要地位。仓储作业的主流程就是从接单开始，接单作业后生成的拣货资料是拣货人员拣货的依据。

二、材料与工具

电脑、打印机、仓储管理系统、模拟货品：怡宝纯净水 30 箱、康师傅矿泉水 45 箱。

任务实施

出库凭证的审核是出库信息处理前的重要一步，是判断出库凭证是否真实合法的一项工作，必须提醒学生记住审核的内容。

实施步骤

步骤 1：信息员对出库凭证进行审核。提货单如表 4－4 所示。

表 4－4　　提货单

提货单位：兴华电子贸易公司				提货单号：			
提货仓库：嘉德物流公司				仓库地址：			
提货方式：自提				开单日期：　年　月　日			
序号	商品编号	名称	规格型号	单位	数量	金额	备注
1	3568022	怡宝纯净水	550ml	箱	30	纸箱	
2	3568156	康师傅矿物质水	600ml	箱	45	纸箱	
主管：		财务：	提货人：			制单：	

步骤 2：登录仓储管理系统。

步骤 3：将出库信息输入仓储管理系统。

步骤 4：打印出拣货单。

工作页（工作记录）如表 4－5 所示。

表 4－5　　工作页（工作记录）

班别		姓名		学号	
项目名称		工作内容			
工作岗位		作业员			
项目组		负责人（组长）			
小组成员					
工作过程：					
工作反思（小结）：					

续 表

班别		姓名		学号	
项目组评定：					
教师点评：					

任务评价

（1）小组活动评价标准：态度、沟通、展示与效果（30 分）（见表 4－6）。

表 4－6　小组活动评价标准

小组名称：			组长：	
小组成员	态度（5 分）	相互合作（5 分）	沟通（5 分）	成果展示（15 分）

（2）教师评价标准：根据完成情况量化评价（70 分）（见表 4－7）。

表 4－7　教师对小组的评价标准

序号	评价指标	分值（分）
1	能在规定时间内小组合作完成工作任务，顺利展示，观点新颖，表述逻辑性强	56～70
2	能在规定时间内完成工作任务，顺利展示，有自己的观点，表述清楚	41～55
3	在老师或其他组的帮助下能完成工作任务并做展示	0～40

拓展提升

出库凭证的问题及处理包括以下几方面。

（1）凡出库凭证超过提货期限，用户前来提货，必须先办理手续，按规定缴足逾期仓储保管费，方可发货。任何“白条子”都不能作为发货凭证。提货时，用户发现规格有误时，保管人员不得自行调换规格发货，而必须通过制票员重新开票方可发货。

（2）凡发现出库凭证有疑点，或者情况不清楚，以及出库凭证有假冒、复制、涂改等情况时，应及时与仓库保卫部门以及出具出库凭证的单位或部门联系，妥善处理。

（3）货物入库未验收，或者货物未入库的出库凭证，一般暂缓发货，并通知货主，待货物验收入库以后再发货，提货期顺延。

（4）如客户出库凭证遗失，客户应及时与仓库发货员和财务人员联系挂失；如果挂失时货已被提走，仓库不承担责任，但有义务协助货主单位寻找货物；如果货还没有提走，经保管人员和财务人员核实后，做好挂失登记，将原凭证作废，缓期发货。

任务三　出库作业综合训练实训

任务目标

要求学生掌握整个出库作业的流程的操作，通过小组合作、岗位分工，完成整个出库流程的操作。

任务描述

东莞嘉德物流公司接到莞客隆批发部的订货单，要求配送中心于2014 年3 月20 日配送30 箱怡宝纯净水、45 箱康师傅矿物质水，配送中心仓库受理该项业务后，首先进行出库信息处理，打印出拣货单，然后进行拣货、包装、贴标签、复核，搬运至备运区，进行出库交接，完成整个出库作业流程。

分小组进行作业，每个小组3 个人，信息员1 名，仓管员1 名，操作员1 名，分别承担出库信息处理、出库下架、出库交接等工作。

一、相关知识

（一）出库程序

步骤1：核对凭证。仓库在接到出库凭证后，仓库管理人员要对其进行审核。

（1）审核货主开出的提货单的合法性和真实性。

（2）核对商品的品名、型号、规格、单价和数量。

（3）核对收货单位、到站、开户银行和账号是否齐全正确。

凡在证件核对中，有物资名称、型号不对的，印签不齐全、数量有涂改、手续不符合要求的，均不能发货出库。

提货单如表 4 -8 所示。

表 4 -8　　　　提货单

提货单位：兴华电子贸易公司					提货单号：		
提货仓库：嘉德物流公司					仓库地址：		
提货方式：自提					开单日期：　年　月　日		
序号	商品编号	名称	规格型号	单位	数量	金额	备注
1	3568022	怡宝纯净水	550mL	箱	30	纸箱	
2	3568156	康师傅矿物质水	600mL	箱	45	纸箱	
主管：		财务：			提货人：		制单：

步骤 2：备货。备货是指仓库保管员对商品出库凭证复核无误后，按其所列项目内容和凭证上的批注，与编号的货物核对，核实后进行配货。主要流程为：销卡→理单→核对→点数→批注地区代号→签单。

（1）销卡：大多数货物的货卡是悬挂在货垛上的，但也有集中保管的，在物资出库时应先销卡后付货。

（2）理单：根据出库单的货位，按出库单顺序排列，以便迅速找位付货。

（3）核对：在按照货位找到应付货物时，要"以单对卡、以卡对货"，进行单、卡、货三核对。

（4）点数：要仔细点清应付的数量，防止差错。

（5）批注地区代码：在多批物资同时发货需要理货时，为方便下道作业环节，保管员在物资的外包装上还必须批注地区代号。

（6）签单：应付物资按单付讫后，保管员逐笔在出库凭证上签名和批注结存数，前者以明责任，后者供账务员登账时进行账目实数的核对。

备货时的注意事项：

（1）按出库凭证所列的项目和数量进行，不得随意变更。

（2）备货计量一般根据商品入库验收单上的数量，不用再重新过磅，对被拆散、零星商品的备货应重新过磅。

（3）备好的货物应放于相应的区域，等待出库。

（4）出库商品应附有质量说明书、抄件、磅码单和装箱单等。

步骤 3：理货。理货是针对实行送货制的出库物资，将物资按地区代号搬运到备货区，再进行核对、置唛、复核和待运装车等。

（1）核对：理货员根据对货场的大小、车辆到库的班次，对到场物资按照车辆配载、地区到站编配分堆，然后对场地分堆的商品进行单货核对，核对工作必须逐车、逐批进行，以确保单货数量、品唛、去向完全相符。

（2）置唛：搞好理货工作，必须准确置唛。实行送货制的出库商品，为方便收货方的收转，理货员必须在应发物资的外包装上刷置“收货单位”简称。置唛应在物资外包装的两头，字迹清晰，不错不漏；复用旧包装，必须刷除原有标志；如系粘贴标签，必须粘贴牢固，便于收货方收转。

（3）待运装车：在车辆到库装载待运货物时，理货员要亲自在现场监督装载全过程。要按地区到站逐批装车，防止错装、漏装，对实际装车件数必须与随车人员一起点交清楚，再将送货通知单和随货同行单证交付随车人员一起送达车站码头。

步骤4：复核。为避免物资出错，备料后应进行复核，复核的主要内容包括以下几方面。

（1）物资名称、规格、型号、批次、数量、单价等项目是否同出库凭证所列的内容一致。

（2）机械设备的配件是否齐全，所附证件是否齐全。

（3）外观质量、包装是否完好。

步骤5：包装。为了保证物资在装卸搬运途中不受损坏，物资的包装一定要符合以下几方面的要求。

（1）根据商品的外形特点，选择适宜的包装，包装尺寸一定要便于商品的装卸和搬运。

（2）物资的包装要符合运输的要求。

（3）严禁性能抵触、互相影响的商品混合包装。

（4）包装的容器应与被包装商品的体积相适应。

（5）要节约使用包装材料，注意节约代用，修旧利废。

步骤6：刷唛。当包装完毕后，在包装上写明收货单位、到站、发货号、本批商品的总包装件数、发货单位等，并在相应的位置印刷或粘贴条码标签。

步骤7：清点交接。出库物资经过复核、包装后，要向提货员点交，具体点交的内容有以下几方面。

（1）将出库物资及随行证件向提货人当面点交。

（2）对重要物资的技术要求、使用方法和注意事项交代清楚。

（3）物资移交后，提货人员应在出库凭证上签名，保管员做好出库记录。

步骤8：清理现场。商品出库后，有的货垛被拆开，有的货位被打乱，有的现场还留有垃圾或杂物。保管员应根据储位规划要求，对剩余的商品进行并垛或挪位，并及时清扫发货现场，保持清洁整齐，腾出新的货位和库房，以备新的入库商品使用；清理发货的设备和工具有无丢失或损坏等。同时，一批商品发完后，要收集整理该商品的出入库情况、保管保养情况及盈亏数据等情况，然后存入商品档案，妥善保管，以备查用。

步骤9：登账。在仓库发货作业中，有先登账后付货和先付货后登账两种做法。

保管员办理销卡和登账手续填写货卡（见表4－9）和货物明细账（见表4－10）。

表4－9　　货卡

货物名称：		规格：		单位：	
年		摘要	收入数量	发出数量	结存数量
月	日				

表4－10　　货物明细账

货物入库明细账卡				卡号 货主名称 货位				
品名		规格型号						
计量单位		供应商单位						
应收数量		送货单位						
实收数量		包装情况						
年			入库数量	出库数量	结存数量	备注		货物验收情况
月　日	收发凭证号	摘要	件数		件数		件数	

（二）拣货方式及拣货策略

拣选式配货方式是指拣选人员或拣选工具巡回于各个储存点将所需的物品取出，完成货物配备的方式，也称为摘果式拣货。

（1）拣选式拣货配货作业的流程。拣选式配货作业的基本流程是：储物货位相对固定，而拣选人员或工具相对运动，所以又称人到货式工艺。形象地说，又类似人们进入果园，在一棵树上摘下熟了的果子后，再转到另一棵树前摘果，所以称为摘果式或摘取式工艺。

（2）拣选式拣货作业的特点。拣选式拣货作业采取按单拣选、一单一拣的方式，这和目前仓库出货作业是很类似的，因此，在作业上与现行方式可以不做太大改变就可以实施，由于采用按单拣选，所以这种配货作业准确程度较高，不容易发生货差等错误。这种作业还有机动灵活的特点，表现在以下几方面。

①由于一单一拣，各用户的拣选互相没有牵制，可以根据客户要求调整配货先后次序。

②对紧急需求可以采取集中力量快速拣选的方式，有利于配送中心开展即时配送业务，增强对客户的服务能力。

③拣选完一个货单，货物便配齐，因此，货物可不再落地暂存而直接放到配送车辆上，有利于简化工序，提高效率。

④灵活性还表现在对机械化没有严格要求，无论配送中心设备多少、水平高低都可以采用这种作业。

⑤用户数量不受工艺限制，可在很大范围内波动。

（3）拣选式拣货作业的适用情况。拣选式拣货作业在以下几种情况下可以作为首选的作业方式。

①用户不稳定，波动较大，不能建立相对稳定的用户分货货位，难以建立稳定的分货线，在这种情况下宜采取灵活的拣选式配货作业，用户少时或用户很多时都可以采用见选方式。

②用户之间共同需求不是主要的，因而需求差异很大，在这种情况下，统计用户共同需求，将共同需求一次性取出再分给各用户的办法，由于共同需求不多而无法实行；在有共同需求又有很多特殊需求的情况下，采取其他配货作业容易出现差错，而采取一票一拣方式便有利得多。

③用户需求的种类太多，增加统计和共同取货的难度，采取其他方式配货时间太长，而利用拣选式配货作业实际能起到简化作用。

④用户配送时间要求不一，有紧急的，也有限定时间的，采用拣选式工艺可有效调整先后顺序，满足不同时间需求，尤其对于紧急的即时需求更为有效。因此，即使是在以其他作业方式为主的情况下，也仍然需要辅以拣选式路线，以起到对别的方式的补充作用。

⑤一般仓库改造成配送中心或新建配送中心的初期，拣选式配货作业可作为一种过渡性的办法。

⑥网络经济时代涌现的直接面向基本消费者进行配送的电子商务，需求的随机性太强，适合于采取拣选式配货方式。

（三）分货式拣货作业方式

分货式拣货作业方式是指分货人员或分货工具从储存点集中取出各个用户共同需要的货物，然后巡回于各用户的货位之间，将这一种货物按用户需求量分放，再集中取出共同需要的第二种，如此反复进行，直至用户需要的所有货物都分放完毕，同时完成各个用户的配货工作。

1. 分货式拣货作业的流程

分货式拣货作业的基本流程：用户的分货位固定，而分货人员或工具携货物相对运动，所以又称货到人前式作业。形象地说，又类似于一个播种者，一次取出几亩地所需要的种子，在地中边巡回边播撒，所以又称之为播种式配货作业。

2. 分货式拣货作业的特点

分货式拣货作业集中取出共同需要的货物，再按货物货位分放，这就要求在收到若干个用户配送请求，可以形成共同的批量之后，再对用户共同需求作出统计，同时要安排好各用户的分货货位，才开始陆续集中取出进行反复的分货操作。因此，这种作业难度较高，计划性较强，也容易发生分货的错误。这种作业计划性强，若干用户的需求集中后才开始分货，直至最后一种共同需要的货物分放完毕，各用户需求的配货工作才同时完成。之后，可同时开始对各用户的配送送达工作，这有利于车辆的合理调配、合理使用和规划配送路线。和拣选式配货作业相比，可综合考虑，统筹安排，利用规模效益，这是分货式配货作业的重要特点。

3. 分货式拣货作业的使用情况

（1）用户稳定且用户数量较多，可以建立稳定的分货线，在这种情况下宜利用其稳定的优势规划和计划分货，采取分货方式。

（2）用户的需求有很强的共通性，需求的差异较小，需求数量虽有差异但种类相同，在这种情况下，可以统计用户的共同需求，集中取货分发给各用户，这样可以有较高的效率，例如，一个食品配送中心专门给几十家宾馆配送，而配送种类又都是烟、酒、饮料、咖啡、小食品、粮食、面包等若干类，采用分货式配货作业，比几十家宾馆的需要一家一家拣选的效率要高很多。

（3）用户需求的种类有限，易于统计和不至于使分货时间太长。

（4）用户配送时间的要求没有严格的限制，可以采取计划配送的方法。

（5）尽力追求效率，降低成本，采取分货式配货作业较为有利。

（6）专业性强的配送中心容易形成稳定的用户和需求，货物种类有限的情况下，宜采用分货式配送作业。

（7）商业连锁、服务业连锁、巨型企业内部供应配送，适合采用分货式配货作业。

（四）拣货策略

拣货策略的决定是影响日后拣货效率的重要因素，因而在决定拣货作业方式前，必先对其可运用的基本策略有所了解。

拣货策略一般可分为订单别拣货、批次拣货，或者两者混合运用，以及这两种拣货策略的延伸和改进。至于一个物流中心到底采用哪种拣货策略合适，还需要先经过详细分析与规划，考虑的重点大致有几个方面，例如，物流中心是库存型或通过型、商品的种类与特性、搬运的特性、储存单位、拣货单位、商品的 ABC 分类以及是否有适当的仓储管理系统等重要的影响因素。

1. 订单别拣货策略

订单别拣货是指对每张订单，作业人员巡回于仓库内，将订单上的商品逐一挑出集中，是较传统的拣货策略。其优缺点如表 4－11 所示。

表 4－11 订单别拣取的优缺点

优点	缺点
作业方法单纯	商品品项多时，拣货行走路径较长，拣取效率低
前置时间短	拣货区域大时，搬运系统设计困难
导入容易且弹性大	无法及时发现拣货差错
作业人员责任明确，派工容易、公平	对储位操作频度大，容易造成储位和库存的不准确
拣选后不用再进行分类作业，适用少品种、大批量订单的处理	

2. 批量拣货策略

批量拣货是把多张订单集合成一批，依商品别将数量汇总后再进行拣取，然后依用户订单别再做分货处理。其优缺点如表 4－12 所示。

表 4－12 批量拣货的优缺点

优点	缺点
适合订单数量庞大的系统	前置时间长，对订单的到来无法做及时反应
一次拣出商品总量，可以缩短拣取时行走搬运的距离，增加单位时间的拣货量	需要进行二次分货，增加了作业环节、出错概率，还要额外增加分货作业的空间

续 表

优点	缺点
对储位的操作频度小，有助于维护储位和库存的准确性，降低拣错率	由于各环节有时间上的相依性，整个出货时间易被延长
二次分货作业可形成对批次总量拣货的稽查，提高拣货正确率	如果订单量很大，而使拣货设备产能趋于饱和，需再多出另一批次作业，则会促使总作业时间的增长，但若为减少批次而增加每批次的客户订单数，则会使得二次分类的作业时间与困难度增加

批量拣取的前提是对订单进行分批处理，这是拣取作业的关键环节，订单分批处理得合理，整体拣货作业流畅、效率高、速度也快，否则会产生瓶颈，致使拣取人员和分货人员工作量不均匀，有人空闲，有人忙碌，使得整个拣货作业时间很长，影响了配送效率。物流中心常用的批量拣取的分批原则有合计量分批、时窗分批、定量分批、智慧型分批等。其定义及优缺点如表 4 – 13 所示。

表 4 – 13　　批量拣货的分批原则

原则	定义	优点	缺点
合计量分批	累积所有订单，依品类别合计总量，据此总量拣取，适合固定点间的周期性配送	一次性拣出总量，平均拣货距离短，拣货准确率高	需功能较强的分类系统，且订单数不可过多
时窗分批	当订单到达至出货所需的时间非常紧迫时，可以开启短暂时窗，如 5 分钟或 10 分钟，在此期间内到达的订单做成一批	适合密集频繁的订单，且能应付紧急插单的系统	对物流中心要求能随时出货
定量分批	当订单数累积到一定量时，再开始拣货	维持稳定的拣货效率，使自动化的拣货、分类设备得以发挥最大功效	订单的商品总量变化不宜太大，否则不经济
智慧型分批	订单汇集后，由计算机将路线相近的订单集中处理，求得最佳的订单分批	可大量缩短拣货行走距离，拣货效率更高	需要软件技术较高，前置时间较长，紧急插单较难

订单别拣取和批量拣取各有优缺点，适用于不同的作业状况，表 4 – 14 对两种拣货方式进行了比较。

表 4 – 14　　两种拣货方式比较

订单别拣取	批量拣取
拣取弹性大，临时性调整容易	拣货弹性小，产能调整能力较小
适合少量多样订货，订货大小差异较大	适合订货大小差异不大，少样多量订货

续 表

订单别拣取	批量拣取
适合订单数量变化频繁，有季节性趋势且商品外型体积变化较大，货品特性差异大，分类作业较难进行的物流中心	适合订单数量稳定、订货大小差异不大、商品外型体积较规则固定，以及需流通加工的物流中心

3. 复合拣货策略

复合拣货是两种拣货策略的混合，先将客户订单的订购品类按逻辑进行分割，某些品类按订单别拣货，其余则按批量拣货，最后再进行订单合流，如图 4－2 所示。

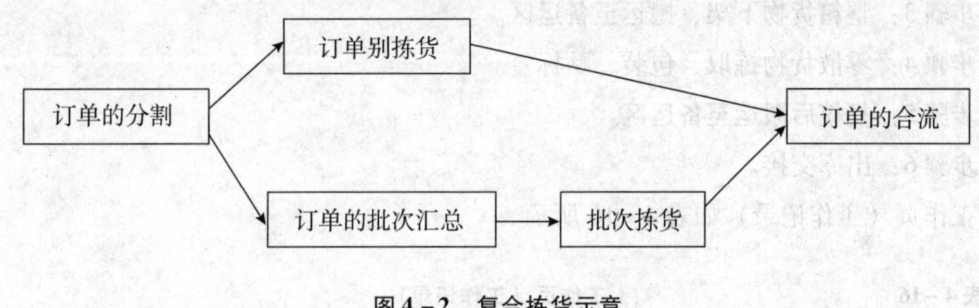

图 4－2 复合拣货示意

4. 其他拣货策略

除了两种基本拣货策略和它们的混合运用外，还有一些其他拣货策略，它们大多是基本拣货策略的延伸和改进，如表 4－15 所示。

表 4－15 其他拣货策略

名称	定义
分类拣取	订单别拣货的推广，同时拿多张订单进行订单别拣取，拣取后的商品按订单分类放置，适合每张订单量不大的情况
分区拣取	将拣取作业场地按区域划分，每个作业人员负责拣取固定区域内的商品，每个区域均可以采取适合的拣货方式
接力拣取	订单别拣货的推广，类似分区作业，先决定出拣货员各自负责的商品类目或拣货区域，各人只拣取拣货单上自己负责的部分，然后以接力的方式交给下一位拣货员，接力拣取只需一张拣货表，像接力棒一样在各区间传递拣取
订单分割拣取	订单别拣货的推广，当一张订单的商品类目较多时，可将订单分割成若干个子订单，交给不同的拣货员同时进行拣货作业，必须与分区策略结合起来运用才能达到高效

无论采用哪种拣货策略，目的只有一个，即高效、快速、准确地拣货，因此，不拘泥于理论，根据自己的实际情况选择、改进甚至创新拣货策略都是非常可取的，关键是找到适合自己的拣货策略。

二、材料与工具

电脑、WMS 管理系统、手动搬运车、堆高车、打印机、货品 75 箱、打印纸、笔等文具。

实施步骤

步骤 1：出库信息处理，打印拣货单。

步骤 2：生成拆零拣货任务、生成补货任务。

步骤 3：整箱货物下架、搬运至备运区。

步骤 4：零散货物拣取、包装、贴标签。

步骤 5：复核后搬运至备运区。

步骤 6：出库交接。

工作页（工作记录）如表 4－16 所示。

表 4－16　　工作页（工作记录）

班别		姓名		学号	
项目名称			工作内容		
工作岗位			作业员		
项目组			负责人（组长）		
小组成员					
工作过程：					
工作反思（小结）：					
项目组评定：					
教师点评：					

任务评价

（1）小组活动评价标准：态度、沟通、展示与效果（30 分）（见表 4－17）。

表 4－17　　小组活动评价标准

小组名称：			组长：	
小组成员	态度（5 分）	相互合作（5 分）	沟通（5 分）	成果展示（15 分）

续 表

小组成员	态度（5 分）	相互合作（5 分）	沟通（5 分）	成果展示（15 分）

（2）教师评价标准，根据完成情况量化评价（70 分）（见表 4－18）。

表 4－18　　教师对小组的评价标准

序号	评价指标	分值（分）
1	能在规定时间内小组合作完成工作任务，顺利展示，观点新颖，表述逻辑性强	56～70
2	能在规定时间内完成工作任务，顺利展示，有自己的观点，表述清楚	41～55
3	在老师或其他组的帮助下能完成工作任务并做展示	0～40

出库过程中异常情况处理

1. 出库凭证（提货单）异常

（1）凡出库凭证超过提货期限，用户前来提货，必须先办理手续，按规定缴足逾期仓储保管费用后方可发货，任何非正式凭证不能作为发货凭证。提货时，用户发现规格开错，保管员不得自行调换规格发货。

（2）凡发现出库凭证有疑点，以及出库后发现有假冒、复制、涂改等情况时，应及时与仓库保卫部门以及出具的出库单的单位或本人联系，妥善进行处理。

（3）物资进库未验收，或者期货未进库的出货凭证，一般暂缓发货，并通知货主，待货到并验收后再发货，提货期顺延。

（4）如果发现出库凭证规格开错或印签不符时，保管员不得调换规格发货，必须通过制票员开票方可发货。

（5）如客户因各种原因将出库凭证遗失，客户应及时与仓库发货员和账务人员联系挂失。如果挂失时货物已被提走，保管人员不承担责任，但要协助货主单位找回商品；如果货还没有提走，经保管人员和账务人员查实后，做好挂失登记将原凭证作废，缓期发货。保管员必须时刻警惕，如再有人持作废凭证要求发货，应立即与保卫部门联系处理。

2. 提货数与实存数不符时

若出现提货数量与物资实存数不符的情况，一般是实存数小于提货数。造成这种问题的原因主要有以下几种。

（1）如属于入库时记错账，则采用“报出报入”方法进行调整。

（2）如属于仓库保管员串发、错发而应起的问题，应由仓库方面负责解决库存数与提货数之间的差数。

（3）如属于货主单位漏记账而多开提货数，应由货主单位开具新的提货单，重新组织提货和发货。

（4）如果是仓库过程中的损耗，需要考虑损耗是否在合理的范围内，并与货主单位协商解决。合理范围内的损耗，应由货主单位承担；而超过合理范围之外的损耗，则由仓储部门负责赔偿。

3. 串发或错发

串发货和错发货主要是指发货人员由于对物资种类不很熟悉，或者由于工作的疏漏，把错误规格、数量的物资发出库的情况。

如果货物尚未离库，应立即组织人力，重新发货。如果货物已经离开仓库，保管人员应及时向主管部门和货主通报串发货和错发货的品名、规格、数量、提货单位等情况，会同货主单位和运输单位共同协商解决。一般在无直接经济损失的情况下由货主单位重新按实际发货数冲单解决。如果已形成直接经济损失，应按赔偿损失单据冲转调整保管账。

项目五　零售作业实训

任务目标

通过本项目的实训，学生可以全面地了解认识 POS 系统的功能，熟练地掌握 POS 系统后台维护及前台收银的操作方法，并能较好地学会超市的进货、上架、盘点等日常管理方法，在完成整个实训项目的作业任务过程中，能较好地学习与人有效沟通的技巧，培养团队合作精神，养成认真细致的工作习惯，学好技能、练好职业素养，为将来的实际工作做足准备。

项目背景

大家好便利店有限公司是珠三角地区较大的连锁流通企业之一，其门店现已超过 3000 间，遍布广州、深圳、东莞等多个城市，成为广东省最具影响力的便利店之一，主要经营化妆品、洗涤用品、卫生洁具及食品。

快速物流公司与大家好便利店有限公司签订物流服务与管理合同，承揽大家好便利店有限公司所有分店的货品收货、货品储存、货品配送的物流服务，双方利用信息系统进行对接，通过软件和通信协议完成到货信息、收货信息、订货信息的在线处理与传输。

任务一　POS 系统维护——商品后台维护

任务目标

通过本工作任务的实训操作，学生可以：

1. 了解认识 POS 系统的功能。
2. 熟练地掌握 POS 系统后台维护的操作方法。
3. 养成认真细致的工作习惯。

任务描述

东莞经贸学校加盟大家好便利店有限公司，在学校的物流实训中心开设一家大家好教学商店，由物流老师指导物流专业的学生对教学商店进行经营管理，为学校师生提供便利服务，将真实的生产性经营活动用于教学中，实现校内生产性教学模式。

大家好教学商店即将开业，在开业前，需要对已经与供应商签订协议的进店商品进行后台系统维护。请各组长负责学习任务的组织及讨论，在 POS 系统中完成商品档案维护的任务。

一、相关知识

（一）POS 机简述

销售点终端——POS 机是一种多功能终端，能统计在某个销售点某一时间的销售数据的计算和存货的支出，它具有支持消费、预授权、余额查询和转账等功能，使用起来安全、快捷、可靠。

（二）POS 机的适用范围

（1）连锁超市、大卖场、连锁便利店。
（2）特许加盟店。
（3）百货商场、购物中心。
（4）仓储式超市、量贩店。
（5）生鲜副食品店。
（6）旅游超市。
（7）贸易公司、物资供销部门等进销存业务管理系统。

（三）POS 机的种类

（1）消费 POS 机。具有消费、预授权、查询止付名单等功能，主要用于特约商户受理银行卡消费。

（2）转账 POS 机。具有财务转账和卡卡转账等功能，主要用于单位财务部门。

（四）商超超市连锁软件

商超超市系统结构如图 5－1 所示。

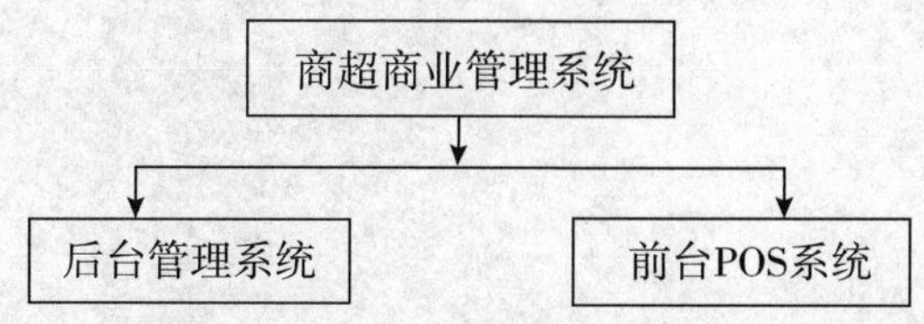

图 5-1 商超超市系统结构

1. 前台 POS 系统

前台 POS 系统实现了门店的销售收银及前台的销售管理。前台 POS 系统功能主要包括盘点、收银、改口令、对账、换班、设置及系统管理等。

（1）登录。输入正确的收银员信息和密码后，系统进入主界面。编号：9999；密码：9999。

（2）系统主界面中，包括以下几项主要功能。

①前台收银：进入销售收银主界面。

②前台设置：设置有关 POS 机硬件设备和有关的业务操作。

③更改口令：修改当前收银员自己的密码（只有在连网状态下才有效）。

④前台盘点：用 POS 机录入卖场盘点单，提高盘点速度（只有在连网状态下才有效）。

⑤收银对账：用于前台收银员的收款对账。

⑥系统管理：系统管理员使用的有关功能。

⑦收银换班：用于收银员的换班。

⑧退出系统：用于收银员退出系统。

（3）退出。

①要退出收银 POS 前台程序时，只需按对应的功能键（如 ESC 键），退出 POS 前台程序。

②在退出时，系统显示收银员登录界面，可根据需要输入不同的收银员编码和密码，进行换班的工作。

（4）前台 POS 设置。在主界面中按“2”功能键选择“设置”，进入系统设置界面。

（5）POS 功能键盘设置。选择该功能后系统将出现一个窗口，该窗口显示目前所有可用的 POS 功能和默认的对应功能键（由后台预先设定）。

（6）POS 小票打印格式设置。选择该功能主要设置本机 POS 小票打印项目的设置和每一项打印的宽度，以适应不同纸张宽度（如 58mm 和 70mm）和客户打印项目的要求。

2. 收银操作

销售收银主界面包括以下内容。

（1）标题。

（2）商品录入区。

（3）付款录入区。

（4）状态显示区。

（5）提示行和销售单金额显示区（见图5－2）。

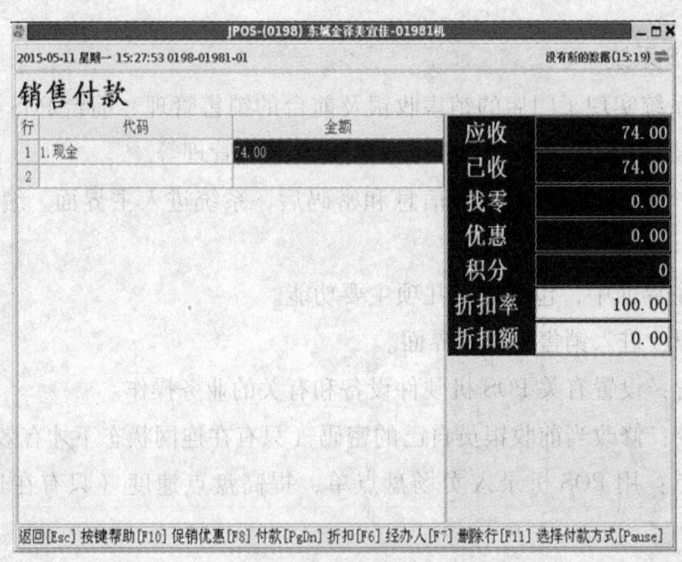

图5－2　提示行和销售单金额显示区示意

3. POS后台管理系统

POS后台功能结构如图5－3所示。

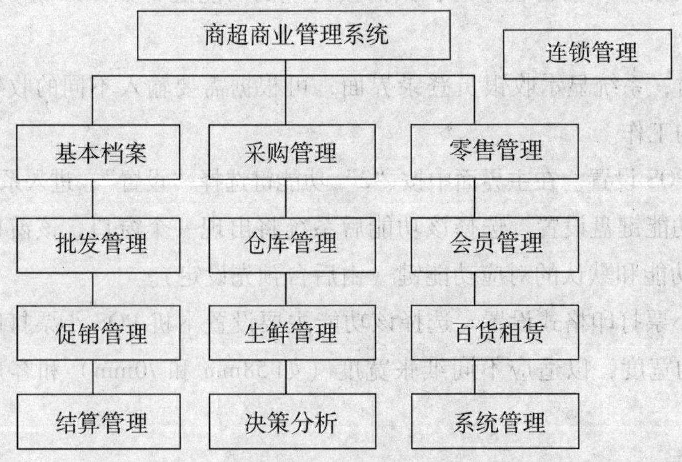

图5－3　POS后台功能结构

系统启用前，必须先建立基本档案。基本档案包括供应商、品类、商品档案、分店仓库、货架货位、商品陈列与存量指标、基础代码等。系统还提供了数据导入导出功能，可以在系统管理中批量导入基本档案。

（1）模块简介。日常业务：包括品类、供应商、商品设置、分店仓库、商品档案、调价、到期提醒、组合商品、淘汰商品、价签打印。

（2）商品品类。商品类别体现商品组织结构，可分级分层管理。系统增加支持3级类别，每级固定两位，实现精细化品类管理。在“商品设置”—“商品分类”中可以设置类别级数，并定义每个商品，如食品的品类可以设置为10。

（3）供应商。供应商按经营方式分为购销、代销、联营、租赁、自产、扣率代销等多种类型。经营方式将决定供应商的结账方式。

供应商结算方式分为临时指定、指定账期、指定日期、货到付款等。商品档案中可以有主供应商与其他供应商，其中购销与代销商品允许一品多供应商，可在商品档案中商品维护界面添加其他供应商，联营商品只允许有一个供应商。新增商品时，当选择对应的主供应商时，系统自动显示该供应商的经营方式（见图5－4）。

商品批发价信息	
商品搜索代码	03916384 搜索 (与手工报货操作一致)
商品代码	03916384 (必填)
商品名称	#徐福记D0D0棒糖
商品规格	9.5g
商品单位	支
配货单位	100
批发价	50 (必填)
批发商	陈记零售批发商行
联系电话	134XXXXXXXX
生产日期	2015-05-01
备注	
批发价图片	1. 上传与描述内容相符照片，要求照片清晰、易于辨认。有批发价信息 2. 要求可以上传多个图片 浏览... 上传
	保存

图5－4 供应商结算示意

新增供应商时，系统会根据供应商名称的汉语拼音缩写自动产生助记码，如“亚洲科技”的助记码为“YZKJ”。助记码的作用是便于输入和查询。助记码可以在更多功能→助记码更新中自动生成，更新有两种方式，一种为全部重新生成，另一种为仅助记码为空的重新生成。

（4）商品档案。商品档案可按类别或供应商显示，包括了商品的编码、类别、价格、供应商、规格等信息。

①商品编码。商品档案中有 3 个编码，分别是货号、自编码和助记码。货号是商品的唯一标识，可用商品条码作为货号。自编码是公司的内部编码，自编码较为灵活，可以不设或是按公司规则编码。助记码是辅助查询码，根据品名的汉语拼音缩写由系统自动生成。用户可以根据公司的管理特点，合理使用这 3 种编码（见图 5－5）。

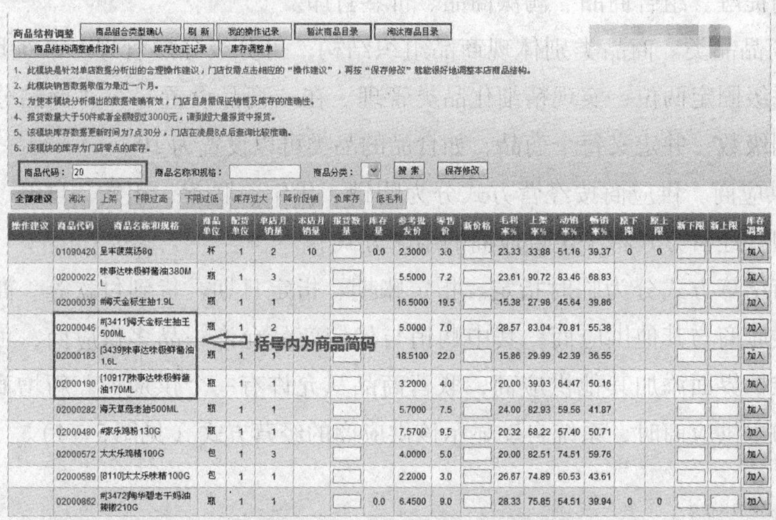

操作建议	商品代码	商品名称和规格	商品单位	配货单位	单店月销量	本店月销量	报货数量	库存量	参考批发价	零售价	新价格	毛利率%	上架率%	动销率%	畅销率%	原下限	原上限	新下限	新上限	库存调整
	01090420	呈丰菠菜汤8g	杯	1	2	10		0.0	2.3000	3.0		23.33	33.88	51.16	39.37	0	0			加入
	02000022	味事达味极鲜酱油380ML	瓶	1	3				5.5000	7.2		23.61	90.72	83.46	68.83					加入
	02000039	#海天金标生抽1.9L	瓶	1	1				16.5000	19.5		15.38	27.98	45.64	39.86					加入
	02000046	#[3411]海天金标生抽王500ML	瓶	1	2				5.0000	7.0		28.57	83.04	70.81	55.38					加入
	02000183	[3439]味事达味极鲜酱油1.6L	瓶	1	1				18.5100	22.0		15.86	29.99	42.39	36.55					加入
	02000190	[10917]味事达味极鲜酱油170ML	瓶	1	1				3.2000	4.0		20.00	39.03	64.47	50.16					加入
	02000282	海天草菇老抽500ML	瓶	1	1				5.7000	7.5		24.00	82.93	59.56	41.87					加入
	02000480	#家乐鸡粉130G	瓶	1	1				7.5700	9.5		20.32	68.22	57.40	50.71					加入
	02000572	太太乐鸡精100G	包	1	3				4.0000	5.0		20.00	82.51	74.51	59.76					加入
	02000589	[8110]太太乐味精100G	包	1	1				2.2000	3.0		26.67	74.89	60.53	43.61					加入
	02000862	#[3472]陶华碧老干妈油辣椒210G	瓶	1	1			0.0	6.4500	9.0		28.33	75.85	54.51	39.94	0	0			加入

图 5－5　商品编码示意

②新品录入。新品录入前，为了方便录入时重复录入商品信息的相同部分，可以在“商品设置”“新品默认值”中设置录入商品时的默认值信息。设置后当增加新品时，系统自动填写默认的商品项（见图 5－6）。

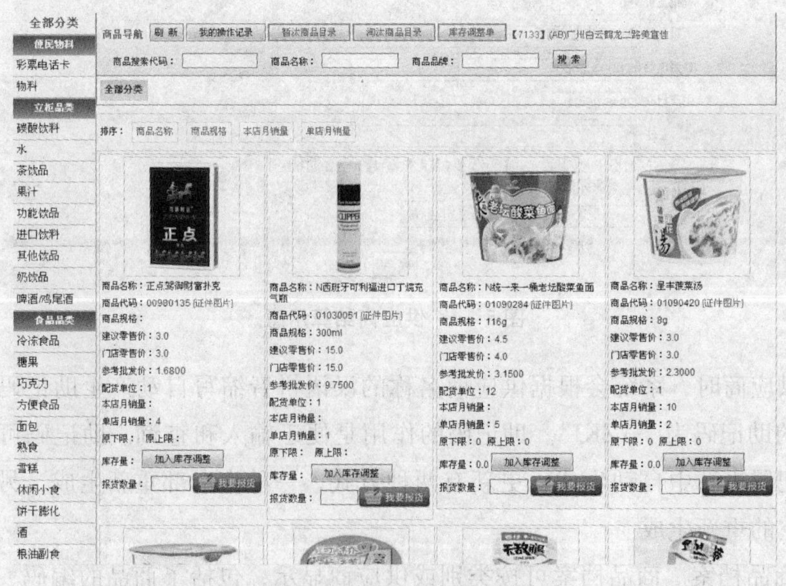

图 5－6　录入新商品示意

二、材料与工具、设备

1. 材料

每个小组 1 份商品进货单。

2. 工具、设备

每人 1 台电脑、POS 系统，每个小组 1 台 POS 机。

步骤 1：将学生根据岗位需要，分成 3 人一小组，具体岗位分配如表 5－1 所示。

表 5－1　具体岗位分配表

序号	岗位	职责要求	备注
1	店长	根据商品进货单，合理地分配工作任务，根据商品销售的需要，妥善地组织组员按照要求进行 POS 系统后台维护，并完成后台系统中的“商品品类”部分的设置操作	由组长担当店长角色
2	采购员	参与商品编码的讨论，并完成后台系统中的“供应商”部分的设置操作	
3	销售员	根据小组讨论结果，确定商品编码，并完成后台系统中的“商品档案”部分的设置操作	

步骤 2：店长（组长）根据老师分配到的商品进货单，组织店员（组员）进行商品编码（见表 5－2）。

表 5－2　商品编码表

序号	商品编码	品名	规格	单位	进货价格（元）	销售价格（元）	会员价格（元）	备注
1								
2								
3								
4								
5								
6								
7								
8								
9								
10								

步骤3：店长对照商品进货单，组织本组成员到进货区找到本组负责的商品群，核对进货商品种类及数量（见表5－3）。

表5－3　　　　进货商品验收记录表

序号	品名	规格	单位	应进货数量	实际进货数量	备注
1						
2						
3						
4						
5						
6						
7						
8						
9						
10						

步骤4：对照商品进货单及验收记录表，在POS系统后台完成商品档案的维护操作。

工作页（工作记录）如表5－4所示。

表5－4　　　　工作页（工作记录）

班别		姓名		学号	
项目名称			工作内容		
工作岗位			作业员		
项目组			负责人（组长）		
小组成员					
工作过程：					
工作反思（小结）：					
项目组评定：					
教师点评：					

注：按照以上步骤进行小组内的角色轮换扮演，小组各成员进行不同岗位的操作训练。

任务评价

POS系统后台维护实训任务评价如表5－5所示。

表 5－5 POS 系统后台维护实训任务评价

客户名称： 组别： 成员：

	项　目	分值（分）	自我评价（30%）	其他组评价（40%）	教师评价（30%）	合计（100%）
考核标准	作业分工情况、准备工作	10				
	店长操作情况	15				
	采购员操作情况	10				
	销售员操作情况	10				
	进货商品种类、数量核对	15				
	作业流程完整，没有遗漏	10				
	岗位职责明确，适应能力强	10				
	人员分工明确，各部门协作性好	10				
	“5S”管理规范	10				
合　计		100				

拓展提升

POS 机最早应用于零售业，现在已经逐渐扩展至其他服务性行业（如金融、旅馆等），POS 信息的应用范围也从单个企业内部扩展到整个供应链。在人们的生活中，许多行业都在使用 POS 机，POS 机给人们的生活带来了许多方便。但是，不同行业的企业使用不同的 POS 系统。请以小组为单位，到学校所在地区或周边地区的不同超市进行现场调研，了解不同超市对 POS 机的使用情况，如使用什么 POS 系统、通过 POS 系统实现哪些管理、POS 机操作系统的软硬件组成、POS 机的品牌等。

任务二　超市进货与盘点实训

任务目标

通过本工作任务的实训操作，学生可以：

1. 了解超市进货管理的内容，掌握超市进货的一系列管理作业方法。

2. 掌握超市商品盘点的方法，能够对超市的商品进行盘点作业。

3. 学会与客户进行有效沟通，养成认真细致的工作习惯。

任务描述

经过2个多月进行的卖场环境改造、超市配套设备安装、首批商品上架布置等，教学超市正式投入运营。在经营管理方案中，统一规定了一系列超市管理办法，有关销售管理、进货管理、财务管理、商品监管等，都做了明确的规定，特别要求账务必须实行日结制度，商品也要每天进行清点，进货间隔为2天/次，分别为周日、周二、周四（周末及节假日停止进货）。

根据班级人数的多少确定分组，可分为4~6人/组，其中设组长1名，负责学习任务的组织及讨论。小组完成以下任务。

（1）扮演超市管理者的角色，对超市的进货作业进行处理，包括两项工作。

①对照送货单，对送货单位送进来的商品进行验收。

②根据送货单，对已经验收过的商品填写进货单。

（2）运用已经学过的有关商品盘点知识，对超市的商品进行盘点操作。

①制作盘点作业责任区域分配表。

②在进行实物盘点过程中，及时填写盘点记录表。

③在完成实物盘点后，根据盘点记录表，填写盘点调整表。

任务准备

一、相关知识

（一）超市进货管理

一般来说，超市进货的管理包括了订货、进货、退换货等业务。

1. 订货业务

超市的订货业务是指在所确定的供应商及经营商品范围内，依据订货计划而进行的订货或者添货的活动。订货业务管理中应注意以下问题。

（1）订货要有计划，要注意适时与适量，各类别商品的订货周期、最小订货量等都必须事先确定。这样，一方面可以提高工作效率，另一方面可确保货源供应正常。

（2）订货方式规范化。订货方式可采用人工、电话、传真、电子订货系统等多种形式，发展的趋势是采用EOS订货系统。

2. 进货业务

进货是指根据订货业务计划，由供应商或者配送中心来配送商品。进货业务应注意以下事项。

（1）进货要遵守时间规定。进货时间的确定应考虑供应商作业时间、交通状况、营业需要及内部员工出勤时间安排等。

（2）验收单、发票必须齐备。如有欠缺，收货方有权拒绝收货。

（3）商品整理分类要清楚，在指定区域进行验收。

（4）如有退换货的情况，应先退货再进货，以免退调商品占用店内仓位。

（5）验收后有些商品直接进入卖场，有些商品则进内仓或进行再加工。

（6）要对变质、超过保持期或已接近保持期的商品拒收。

3. 退换货业务

退换货是超市根据检查、验收的结果，对不符合进货标准和要求的商品采取退货或换货处理的业务活动。退换货业务可与进货业务相配合进行，利用进货回程顺便将退换货带回。退换货业务应注意以下事项。

（1）确认供应商，即先查明待退换商品所属的供应商或者送货单位。

（2）填写退换货申请单，注明其数量、品名及退换货原因。

（3）退换商品应注意妥善保存。

（4）及时联络供应商办理退换货。

（5）退换货时应确认扣款方式、时间及金额。

（二）超市盘点管理

1. 盘点前准备工作

（1）盘点前将有关单据按规定的程序传到财务部记账，并将腐烂、过期、缺损、滞销、换季商品分别作报废或退货处理。

（2）整理盘点区域。

①仓库：将商品按一定次序分类堆码。

②排面：单品清晰，无散货。

③端架：无其他商品堆放。

④促销区：无其他商品或空箱堆放。

⑤天花板：无吊起商品。

（3）收货部应积极配合盘点人员尽快整理、处理商品，并在盘点当日中午 12 点停止收货。

2. 盘点注意事项

（1）清点时按商品的摆放位置从上至下、从左至右逐一清点，复盘完毕前禁止收票。

（2）盘点小票书写应字迹端正清晰，清点人、复盘人分别签字确认。

（3）盘点表票回收之后任何人不得擅自修改，如确实有误需要修改的，必须由财务分管会计监督重盘后方可修改，并经分管会计签字确认。

（4）复盘比例。一般分3类。

①100%：电器、烟酒、化妆品、粮油、奶粉、生鲜区。

②50%：个人清洁用品。

③20%：其他商品。

复盘比例可由店长根据现场销售、库存、损耗状况随时调整。

二、材料与工具、设备

1. 材料

每个小组1份供应商送货单、验收记录表、与送货单对应的商品一批、空白进货单、空白盘点记录表、空白盘点调整表。

2. 工具、设备

学生用计算机每个小组1台、超市卖场（有货架、有多个品类的陈列商品）、多媒体教学设备。

实施步骤

步骤1：将学生按照岗位需要，分成3人一小组，分别按照以下分工完成进货管理作业。

（1）学生乙根据送货单（见表5－6）的信息，分别完成对供应商送到店的商品进行验收：核对品名、规格、数量，检查外包装，完成商品验收单（见表5－7）的填写，并将填写好的“商品验收单”交与学生丙。

表5－6　送货单

班别		姓名		学号	
组别		小组成员			

送货单　　No：201403180001

收货单位：大家好便利店学院路店　　电话：0769－22221216

地址：东莞市莞城区学院路287号　　2015年3月18日

序号	品名	规格	单位	数量	包装	包装数	单价（元）	金额（元）	备注
1	可口可乐	330mL	箱	24	24	1	1.79	42.96	
2	亚洲金曲沙示汽水	325mL	瓶	12	12	1	3.10	37.2	
3	统一绿茶	1L	箱	8	8	1	3.00	24.00	
4	康师傅冰红茶	500mL	箱	30	30	1	1.90	57.00	

续 表

序号	品名	规格	单位	数量	包装	包装数	单价（元）	金额（元）	备注
5	田滋果橘片爽	255g	瓶	20	20	1	3.05	61.00	
6	康师傅蜂蜜绿茶	1L	瓶	16	8	2	2.88	46.08	
7	可口可乐	600mL	箱	24	24	1	2.25	54.00	
合计								322.24	

收货单位经手人：李莹　　送货单位及经手人：快速物流有限公司　张超

表 5－7　**商品验收单**

班别		姓名		学号	
组别		小组成员			

商品验收单

送货单位：

送货单号：　　送货日期：　　年　月　日

序号	品名	规格	单位	应收数量	实收数量	备注
1	可口可乐	330mL	箱	24		
2	亚洲金曲沙示汽水	325mL	瓶	12		
3	统一绿茶	1L	箱	8		
4	康师傅冰红茶	500mL	箱	30		
5	田滋果橘片爽	255g	瓶	20		
6	康师傅蜂蜜绿茶	1L	瓶	16		
7	可口可乐	600mL	箱	24		
合计						

验收员签名：

（2）学生乙根据“商品验收单”，完成进货单的填写，并交与学生甲（组长）进行审核，如表 5－8 所示。

表 5－8　**进货单**

班别		姓名		学号	
组别		小组成员			

__________店进货单　　No：201403180001

送货单位：　　进货时间：　　年　月　日

进货金额：　　结算方式：　　经手人：

续 表

序号	品名	规格	单位	进货数量	进货单价（元）	销售价格（元）	会员价格（元）	备注
1	可口可乐	330mL	箱	24	1.79			
2	亚洲金曲沙示汽水	325mL	瓶	12	3.10			
3	统一绿茶	1L	箱	8	3.00			
4	康师傅冰红茶	500mL	箱	30	1.90			
5	田滋果橘片爽	255g	瓶	20	3.05			
6	康师傅蜂蜜绿茶	1L	瓶	16	2.88			
7	可口可乐	600mL	箱	24	2.25			
合计								
复核员签名：								

（3）学生甲（组长）将已经复核好的“进货单”及本小组已经完成作业的“送货单”“商品验收单”收齐整理好，一并交与指导老师。

步骤2：学生甲（组长）根据老师分派的盘点任务，组织本组的另2位（学生乙、学生丙）成员进行超市盘点作业：盘点区域为A01货架（A01区）的商品，问题设置为一种商品少2件、一种商品少3件、一种商品过期4件；任务分工要求如表5－9所示。

表5－9　　任务分工要求

人员	角色分工	任务描述	备注
学生甲	店长	负责拟定盘点责任区域分配表，将盘点任务合理地分配给组员，并协助组员进行具体的盘点作业，在复盘人完成复盘点作业后进行抽查盘点，组织填写“盘点调整表”，将所有作业资料收集、整理，汇总后交与指导老师	组长
学生乙	初盘人	按照店长分配的盘点作业任务，到指定的区域对商品进行初盘	组员1
学生丙	复盘人	在学生乙完成了初盘作业后，对负责盘点区域的商品进行复盘	组员2

步骤3：学生甲拟定盘点作业责任区域分配表（见表5－10），并将其交与学生乙、学生丙进行初次盘点及复盘。

表5－10　　盘点作业责任区域分配

姓名	盘点类别	区域编号	盘点单编号			盘点金额
			起	止	张数	

续 表

姓名	盘点类别	区域编号	盘点单编号			盘点金额
			起	止	张数	
合 计						

步骤4：学生乙、学生丙按照分配的盘点作业责任区域，对商品进行初次盘点及复盘，并按照盘点的结果，如实填写“盘点表”，见表5－11。

表5－11 **盘点表**

部门（组别）： 货架编号：

商品编号	品名	数量	零售价	金额	复盘	抽盘	差异
小计							

抽盘人： 复盘人：

步骤5：学生甲对学生乙、学生丙已经完成的盘点作业进行抽盘，再组织组员讨论确定“盘点调整表”（见表5－12）的填写，将完成的“盘点作业责任区域分配表”“盘点表”和“盘点调整表”整理好交与指导老师。

表5－12　　盘点调整表

部门（组别）：　　　　　　　　　　　　货架编号：

编号	品名	单位	账面结存数	增加数	减少数	调整后结存数	调整原因说明

工作页（工作记录）如表5－13所示。

表5－13　　工作页（工作记录）

<table>
<tr><td>班别</td><td></td><td>姓名</td><td></td><td>学号</td><td></td></tr>
<tr><td>项目名称</td><td colspan="2"></td><td>工作内容</td><td colspan="2"></td></tr>
<tr><td>工作岗位</td><td colspan="2"></td><td>作业员</td><td colspan="2"></td></tr>
<tr><td>项目组</td><td colspan="2"></td><td>负责人（组长）</td><td colspan="2"></td></tr>
<tr><td>小组成员</td><td colspan="5"></td></tr>
</table>

续 表

班别		姓名		学号	
工作过程：					
工作反思（小结）：					
项目组评定：					
教师点评：					

任务评价

超市进货与盘点实训任务评价如表 5－14 所示。

表 5－14　　超市进货与盘点实训任务评价

客户名称：		组别：			成员：	
	项　目	分值（分）	自我评价（30%）	其他组评价（40%）	教师评价（30%）	合计（100%）
考核标准	作业分工情况、准备工作	10				
	店长操作情况	15				
	进货验收准确无误	10				
	进货单填写正确	10				
	盘点初盘、复盘操作正确	15				
	盘点调整正确、合理	10				
	岗位职责明确，适应能力强	10				
	人员分工明确，各部门协作性好	10				
	“5S” 管理规范	10				
合　计		100				

拓展提升

在超市的商品销售中，重要的是要让顾客清楚地了解不同的商品摆放在什么地方，更重要的是，商品的陈列应能达到最充分地展示商品、最充分地促销商品的效果。因为在自选超市中，不采取直接向顾客介绍商品和推销商品的方式（除非顾客提出要求），商品陈列就成了超市商品销售的主要经营技术，也可以说在超市中商品销售就是从商品陈列开始的。请按照以下要求，进行超市商品陈列调研活动。

（1）以小组为单位到不同的超市营业现场，选择某一类商品对其陈列方式进行参观，如方便面、饮料等。

（2）参加前要明确分工，以保证人人各有侧重。

（3）参观时要注意随时记录，特别要标注商品区的陈列位置，最好能附上现场照片。

（4）参观结束后以小组为单位提交书面报告，报告中要说明各成员被分配的工作任务，并说明该超市该类商品陈列需要改进的地方。

任务三　POS 系统前台操作

任务目标

通过本任务的实训操作，学生可以：

1. 了解认识 POS 系统的功能。
2. 熟练地掌握 POS 系统的前台收银和退货操作方法。
3. 养成认真细致的工作习惯。

任务描述

东莞经贸学校大家好教学商店营业准备工作已经完成。在正式营业前，为了确保营业过程中 POS 系统的前台收银和退货操作无误，在开业前，指导老师特别组织前台收银员进行模拟练习。请各组长根据老师分派的任务，组织本组学员到指定的学习岗位进行模拟操作，以熟练掌握 POS 系统的前台收银和退货操作。

任务准备

一、相关知识

（一）POS 机前台一般程序

1. 商品条码或货号输入

用 POS 机上的条码阅读器直接扫描条码。

手工输入条码，按“PLU”功能键，如：需输入货号为“6902212345872”的商品，先输入“6902212345872”，再按“PLU”功能键。

2. 商品数量修改

如果销售的商品数量不为 1 时，可以按“数量”功能键“ * ”修改数量。

3. 结算

完成货品输入后，按“结算”功能键“+”，结算当前销售金额。弹出应付金额窗口，进入付款状态。

（1）现金付款。如果是人民币现金付款，则输入付款金额，按“现金”功能键“-”；如果所付金额是该笔交易的全款，按“现金”键直接付款，无须再输入付款金额，这样可以加快收款速度；如果是港币或美元付款，则输入付款金额，按“港币”或“美元”功能键。

注意：找零金额不能超过100元，如：应付金额为85元，不能输入200元，因为找零金额为115元。

（2）非现金付款。如果是银行卡、支票、购物券付款，则按对应的功能键，在弹出的窗口中输入卡号、支票号或券号及付款金额即可。

如果为其他类型的付款方式，则按“付款方式”功能键“,”，在弹出的窗口中选择合适的付款方式，输入卡号、支票号或券号及付款金额即可。也可以直接在键盘上定义相应的功能键。

4. 开钱箱

一般情况下，在结算时自动开钱箱。需要手工开钱箱时，按“开钱箱”功能键“x”。

（二）特殊业务

1. 删除

（1）单品删除。如果在按“结算”功能键“+”之前，发现有货品输入错误，可以按“删除”功能键“u”删除当前货品。

（2）整单删除。如果在按“结算”功能键“+”之后，发现有错误，可以按“删除”功能键“u”删除整笔交易，即整单删除。

（3）付款删除。如果在付了部分款后，发现有错误，可以按“删除”功能键“u”取消当前交易的本笔付款。单品删除要求收银员有相应的权限。

2. 退货

有退货权限的收银员才能进行退货操作。

退货时，先按“退货”功能键“a”，进入退货状态，然后输入货品，最后按“结算”功能键“+”结束退货交易。

退货时可以按单退货（取当时的销售价格），在退货时可以修改价格（包括打折）和选择付款方式。

3. 赠送

有赠送权限的收银员才能进行赠送操作。赠送时，先按“赠送”功能键“s”，进入赠送状态。然后输入货品，最后按“结算”功能键“+”结束赠送交易。赠送交易的所有商品的交易价格为“0”。

4. 挂单

如需暂停当前正在进行的交易而继续下一笔交易时，则按“挂单”功能键“p”。继续下一笔易。挂单之后的交易，可以再按“挂单”功能键“p”将被挂单的交易调出。

可以挂单多个交易。当需要调出挂单时，窗口会弹出多个挂单供选择，选择完一笔挂单后，按“确定”按钮选择该笔挂单。挂单选择如图5－7所示。

删除挂单。对于某笔挂单，您可以选择删除，选择完一笔挂单后，按“删除”按钮“u”删除该笔挂单，删除挂单有权限控制，收银员必须有“整笔作废”的权限才可删除挂单。

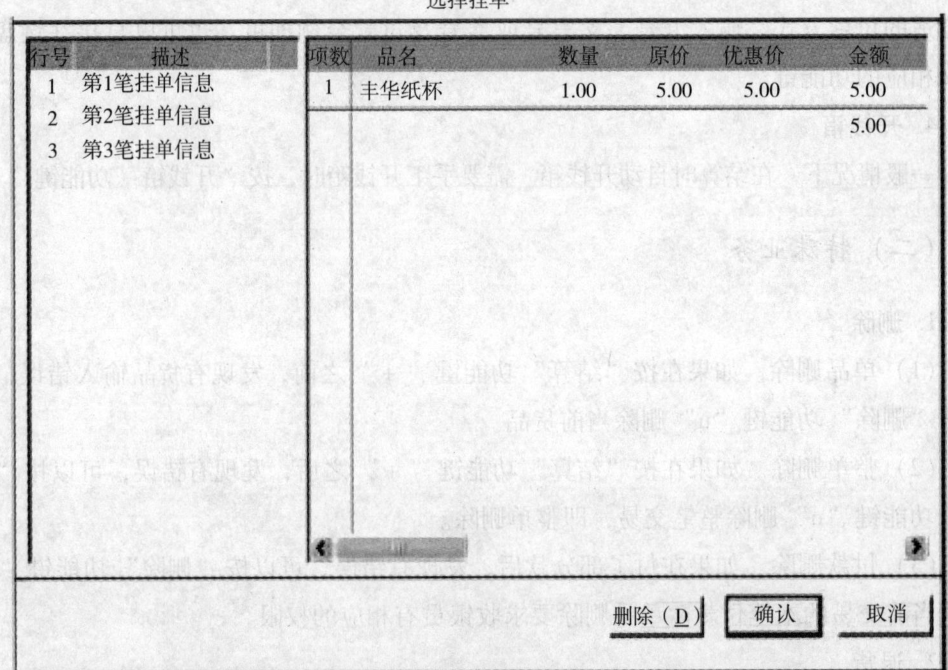

图5－7　挂单选择

二、材料与工具、设备

1. 材料

教学用商品一批（已经在POS系统后台完成维护操作的商品）、销售小票打印卷纸若干（每小组2卷）。

2. 工具、设备

超市货架、POS 系统、收银机每个小组 1 套（带条码扫描仪、销售小票打印机）、超市用购物篮（购物车）。

步骤 1：将学生根据岗位需要，分成 6 人一小组，具体岗位分配如表 5－15 所示。

表 5－15　　具体岗位分配

序号	岗位	职责要求	备注
1	店长	根据老师分派的实训任务，合理地分配组员的分工，安排组员扮演相关的角色，明确工作要求，并负责经营现场中的各种事宜的协调工作	由组长担当店长角色
2	收银员	将购物者选购的商品通过 POS 收银机完成商品零售、收银，或者删除、挂单、退货等操作	
3	购物者 1	按照事先列好的购物清单，选好待购商品，到收银台进行结账	
4	购物者 2	按照事先列好的购物清单，选好待购商品，到收银台进行结账；设置问题：删减多拿的商品	
5	购物者 3	按照事先列好的购物清单，选好待购商品，到收银台进行结账；设置问题：少拿某种商品，需要进行挂单处理	
6	购物者 4	按照事先列好的购物清单，选好待购商品，到收银台进行结账；设置问题：买到不满意的商品，需要进行退货处理	

步骤 2：组长按照角色扮演要求，组织购物者列好准备购物的商品清单及准备为收银员设置的问题，提交给组长审核。POS 机前台收银和退货作业单如表 5－16 所示。

表 5－16　　POS 机前台收银和退货作业单

班别		购买者		学号	
组别		组长		收银员	

1. 本次购买的商品清单

序号	品名	单位	数量
1			
2			
3			

续 表

序号	品名	单位	数量
4			
5			
6			
7			

2. 准备设置问题的商品清单

待购买序号	品名	问题	处理结果

3. 粘贴购物打印小票，并做说明

步骤3：收银员启动收银机，登录前台收银系统，准备收银前台收银操作；各购物者拿着经组长审核签名的购买商品清单，到商品选购区选出待购买商品，用购物篮（购物车）运送到收银台进行结账。店长（组长）在经营现场进行监督管理。

步骤4：购物者将已经完成收银结账处理的商品用购物篮（购物车）装好，连同填写好的"POS机前台收银和退货作业单"运送到超市出口检查台交由店长检查放行。

工作页（工作记录）如表5－17所示。

表5－17　　工作页（工作记录）

班别		姓名		学号	
项目名称		工作内容			
工作岗位		作业员			
项目组		负责人（组长）			
小组成员					
工作过程：					
工作反思（小结）：					
项目组评定：					
教师点评：					

注：按照以上步骤进行小组内的角色轮换扮演，小组各成员进行不同岗位的操作训练。

POS 系统前台操作实训任务评价如表 5 – 18 所示。

表 5 – 18　　POS 系统前台操作实训任务评价

客户名称：		组别：			成员：	
	项　目	分值（分）	自我评价（30%）	其他组评价（40%）	教师评价（30%）	合计（100%）
考核标准	作业分工情况、准备工作	10				
	店长操作情况	15				
	收银员操作情况	20				
	购买者操作情况	10				
	作业流程完整，没有遗漏	10				
	岗位职责明确，适应能力强	10				
	人员分工明确，各部门协作性好	10				
	“5S” 管理规范	10				
合　计		100				

超市收银员服务规范

超市的成功与否，在于能以优质的服务留住顾客，可以说抓好了服务，也就抓住了客源。因此，成功的超市管理者都非常重视对员工加强服务意识的培养，注重服务礼仪，尤其是收银员的服务规范，更是有更高的要求。

1. 仪容仪表

（1）收银员上岗前须化淡妆，头发梳扎整齐，不戴夸张耳环、首饰，按着装的规范穿着制服。

（2）收银员站在收银台前应姿势端正，女生右手搭左手，两脚脚跟靠拢、脚尖略微分开。男生双手放在身后，右手搭左手，两脚略微分开，面带微笑，脸面向卖场，精神饱满。

2. 服务规范

（1）顾客走向收银台时 5 步距离内，开始目视顾客，面带自然微笑说：“欢迎光临，请出示您的会员卡”，还卡时微笑说：“谢谢先生（或小姐 1 女士）”。

（2）提醒顾客将东西拿上来说：“麻烦您将商品拿上来”。

（3）商品放置在收银台注意其高度，玻璃及易滚动品应固定好，避免由于输送造成破碎、损伤。

（4）商品输入确认应以听到打印声为准，防止遗漏，同时应防止扫描时因不必要的动作重复扫描给顾客带来麻烦，使顾客抱怨。

（5）手工输入商品条码或货号时，应三指（食、中、拇）并用，做到准确、迅速。

（6）商品价格输入后，出现总金额，收银员说：“一共 × ×元。”顾客付钱时，收银员双手接钱，点清后说“收您 × ×元。”

（7）顾客付款前，帮顾客装袋，并按食品与非食品、热食、冷食、熟食、生食的划分原则装袋。

（8）将收取的纸钞用验钞机检验。若怀疑是伪钞，应请顾客更换一张，避免发生冲突。

（9）找零及小票单以双手递到顾客手上，并唱票，说：“找您 × ×元，这是您的小票，谢谢光临。”

（10）每台收银机旁准备两块抹布，一块干抹布，一块湿抹布，挂在放置马甲袋的挂钩上。每结完一位顾客后迅速擦拭机台，保持机台台面清洁干燥，每日午餐、晚餐时，清洗抹布。

（11）被安排离机时，应将暂停牌放在收银台上，然后继续为放置在暂停牌前的顾客结账，并且对后面结账的顾客致歉，主动介绍后面的客户到附近的收银台，使用语：“对不起，请您到 × ×号收银台结账好吗。”如顾客不愿意，则应给顾客结完账再离开，不得造成顾客埋怨。

3. 与顾客交谈礼仪

（1）顾客至收银台结账时，收银员应热情主动，像与家人聊天一样与顾客交谈。

（2）当顾客在卖场购物感到很满意或提出建议时，收银员应诚挚地表示谢意。

（3）当顾客对公司规章表示不满或异议时，收银员必须与管理人员联系来解决此事。应在顾客面前谦恭有加，让他们感到轻松自在，使其购物经历成为愉快的回忆。

4. 发生状况处理

（1）结账时，顾客不慎将东西打破。收银员应首先询问检查顾客有无受伤、受惊。若有伤害，即刻通知客服中心优先协助处理。若无，再询问顾客是否要再去取一件相同商品，并通知清洁人员处理。事后告知客服中心记录并通知营运部门做库存调整。

（2）当顾客会员卡的卡号无法输入时，收银员应请顾客至客服中心，由客服中心人员处理；客服中心人员查询锁卡原因，若为挂失卡则收回，其他原因由客服中心人员按会员资料修改流程办理。

（3）结账时，顾客钱款不够。

①收银员应告知顾客卖场有提款机，可提款结账。若顾客有银行卡并愿意提款，收银员在没有按确认键时，可删除品项，待顾客取完钱后再结账。若已按确认键，可取消交易。

②若顾客没有银行卡，在尚未按确认键前，可删除品项；若已按确认键，则须取消交易，重新算好总价结账。

（4）结账时，顾客对结账后的总金额有疑问。要求先看明细再付款或重新结账。收银员应告诉顾客，结账后会将明细表交给顾客核对，如有疑问至客服中心核实有误后会退款给顾客，故请顾客先付款结账，以减少其他顾客的等待时间，避免影响他人结账。

（5）结账后，顾客发现所找的钱少又回来询问。如果在结账时唱票“收您××元，找您××元”可以减少这类事件的发生。但如果仍发生，一时无法解决，则通知客服中心人员协助处理。首先由客服中心人员做解释工作，告知顾客钱钞当面清点。如顾客不能接受，可由客服中心人员打印日结报表与收银员的钱款核对，如确实有多收，应交还顾客并道歉，如没有则向顾客解释。

（6）顾客发现价格差异。收银员应先道歉，再解释处理方法，最后应问顾客是否还购买该商品，如购买则先结账，再请顾客至客服中心处理（先输入原发票号，打印发票或送货单），再于新发票（或送货单）上注明原货号、原价及新价，以顾客签名为凭证。如顾客不再购买该商品则删除该商品。

（7）打印机卡纸。收银员应做作废登记，请客服中心人员在留底联填上发票号并签名，请顾客至客服中心重开发票。

（8）顾客欲向收银员换钱时，收银员应请顾客至服务台更换（结账机上严禁换零钱给顾客，以确保安全）。

（9）顾客受伤。收银员应利用收银台电话与客服中心联系请求协助处理。

（10）收银机故障。

①全部机台故障：应立即通知计算机系统作业人员协助处理。

②少数机台发生故障：协助顾客将商品转台结账，并向顾客表示歉意。

（11）零钱不足。

①收银员应尽量动员顾客配合或请其他机台支援调配。

②到客服中心兑零。

作为营销人员必须具备敏锐的市场观察能力，在瞬息万变的市场中捕捉所需信息。应变能力是指营销人员根据不断发展的主客观条件，随时调整行为目标和行为策略的创新能力，是市场营销对营销人员的一项基本要求。一名优秀的营销人员，其非凡的应变能力往往表现在对一些复杂的“突发事件”和“非规范事件”的果断处理上。

要求以小组为单位到不同的超市进行现场观察，完成任务表格（见表5－19）。

表5－19　　收银员综合素质观察

班别		姓名		学号	
日期		超市名称			

观察情况记录

项目	观察指标	观察情况
人员素质	仪容仪表	
	礼节礼貌、微笑服务	
	对客态度（主动、耐心、周到）	
销售技巧	沟通技巧、商品介绍技巧	
	顾客投诉处理技巧	
	价格异议处理技巧	
	转机技巧	
	促成销售技巧	
服务水平	待客态度	
	微笑服务	
	服务细节	
	服务耐心	

项目六　叉车操作实训

任务一　认识叉车

任务目标

1. 懂得叉车的功能，会分辨各种叉车。
2. 能从叉车的铭牌读到各项参数。
3. 会填写叉车参数表。

任务描述

加德物流有限公司接到市质量技术监督局的通知，要提交“特种设备使用登记表”。这两天老郭刚好出差了，公司安排新入职的徐雷负责测量各项参数并按要求填表。

任务准备

一、相关知识

（一）叉车

叉车又称铲车，是最常用的具有装卸、搬运双重功能的装卸搬运装备。叉车通常和托盘配合使用，可适合能装上托盘的各种货物，有很强的通用性；又可以和各种叉车属具配合，装卸搬运特定的货物。

（二）常见叉车的种类

1. 平衡重式叉车

平衡重式叉车（见图6－1），其货叉位于叉车的前部，为了平衡货物重量产生的倾翻力矩，在叉车的后部装有重块。平衡重式叉车有内燃机式和蓄电池式两种，一般而言，蓄电池式车身小巧，较为灵活，适合室内作业使用。

图6－1　平衡重式叉车

2. 前移式叉车

前移式叉车（见图6－2）的车前部设有跨脚插腿，跨脚前端装有支轮，和车体两轮形成四轮支撑，作业时，重心在四个轮的支撑面中，因此比较稳定。前移式叉车主要靠电池驱动，转弯半径小，适合作业面积狭小的室内仓库。

图6－2　前移式叉车

3. 侧面叉车

叉车门架及货叉在车体的一侧。其作业的主要特点有两个：一个是在出入库作业过程中，车体进入通道，货叉面向货架或货垛，这样，在进行装卸作业时不必再转弯然后作业，这个特点使侧面叉车适合于窄通道作业。

另一个特点是，有利于装卸条形长尺寸货物，因为长尺寸货物与车体平行，不受通道宽度的限制。

侧面叉车（见图6－3）叉车动力主要是内燃机式，车体较大，自重也重，不如其他种类叉车灵活。

图6-3 侧面叉车

4. 拣选叉车

拣选叉车（见图6-4）的主要作用是高位拣货。操作台上的操作者可与装卸装置一起上下运动，并拣选存储在两侧货架内的货物，适用于多品种少量出库的高层货架仓库。由于拣货者与货叉同时升降，这种叉车的安全性要求很高，一般采用电池式驱动，且起升重量不大，行走稳定。

图6-4 拣选叉车

5. 手动叉车

手动叉车无动力源，由人工推动叉车，通过油压设备，手动油压柄起降货叉。由于依靠人力操作，手动叉车起重能力较低，一般为200～1000kg，起升高度范围75～1500mm。

（三）叉车的主要参数

1. 额定起重量和载荷中心距

额定起重量是指门架处于垂直位置，货物重心位于载荷中心距范围以内时，允许叉车举起的最大货物的重量。

载荷中心距是指设计规定的额定起重量的标准货物重心到货叉垂直段前壁的水平距离。额定起重量和载荷中心距是叉车的两个相关的指标。

2. 最大起升高度

最大起升高度是指叉车在平坦坚实的地面上，满载、轮胎气压正常，门架处于垂直位置，货叉起升至最高位置，从叉面至地面的垂直距离。

3. 门架的倾角

门架倾角是指无载叉车在平坦、坚实的地面上，门架自垂直位置向前或向后倾斜的最大角度。

4. 起升速度

起升速度是指叉车在坚实的地面上满载时，门架处于垂直位置，货叉上升的平均速度。

5. 最大运行速度

最大运行速度是指叉车满载时，在干燥、平坦、坚实的地面上行驶时的最大速度。

6. 最大爬坡度

叉车的最大爬坡度是指叉车在正常路面情况下，以低速挡等速行驶时所能爬坡的最大坡度，以度或百分数表示，分为空载和满载两种情况。

7. 最小转弯半径

最小转弯半径是指在平坦的硬路面上，叉车空载低速前进并以最大转向角转弯时车体最外侧所划出轨迹的半径。

8. 最大牵引力

最大牵引力分为轮周牵引力和拖钩牵引力。

原动机发出的转矩，经过减速传动装置，最后在驱动轮轮周上产生切向力，称为轮周牵引力。

轮周牵引力在克服叉车行驶时本身遇到的外部阻力以后，在叉车尾部的拖钩上剩余的牵引力，称为拖钩牵引力。

9. 最小离地间隙

最小离地间隙是指除车轮以外，车体上固定的最低点至车轮接地表面的距离。它表示叉车无碰撞地越过地面凸起障碍物的能力。

二、材料与工具

柴油叉车和电动叉车各1辆、测量卷尺等。

任务实施

1. 认识叉车分类
2. 学会读取叉车各项参数
3. 填写特种设备使用登记表（见表6－1）

表6－1 **特种设备使用登记表**

<table>
<tr><td colspan="2">申报单位</td><td colspan="4"></td></tr>
<tr><td colspan="2">单位地址</td><td colspan="2"></td><td>邮政编码</td><td></td></tr>
<tr><td colspan="2">电子信箱</td><td colspan="2"></td><td>联系人</td><td></td></tr>
<tr><td colspan="2">联系电话</td><td></td><td>移动电话</td><td></td><td></td></tr>
<tr><td rowspan="7">申请使用登记设备信息</td><td>设备名称</td><td></td><td>设备型号</td><td colspan="2"></td></tr>
<tr><td>生产单位</td><td></td><td>出厂日期</td><td colspan="2"></td></tr>
<tr><td>车长</td><td></td><td>车宽</td><td colspan="2"></td></tr>
<tr><td>额定起升重量</td><td></td><td>自重</td><td colspan="2"></td></tr>
<tr><td>最大起升高度</td><td></td><td>门架倾角</td><td colspan="2"></td></tr>
<tr><td>最大运行速度</td><td></td><td>载荷中心距</td><td colspan="2"></td></tr>
</table>

申　明

根据《特种设备安全监察条例》的有关规定，我单位上述____台（套、条、只）特种设备，现申报使用登记。

在此，我声明：我单位将严格执行有关法律法规的规定，保证其安全使用，并对其进行经常性日常维护保养，定期自行检查，并按照有关安全技术规范的定期检验要求，在安全检验合格有效期届满前1个月向特种设备检验检测机构申报定期检验。

实施步骤

步骤1：介绍场地上两台叉车。便于管理人员对叉车进行辨识、管理与维护，需根据叉车的性质和编号原则进行编号。

步骤2：一位学生负责测量或读数，另一位同学负责记录。

步骤3：学生自评、互评。

步骤4：教师点评。

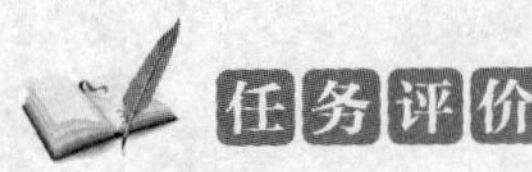

认识叉车实训任务评价如表6－2所示。

表6－2 **认识叉车实训任务评价**

组别： 成员：

	项　目	分值（分）	自我评价（30%）	其他组评价（40%）	教师评价（30%）	合计（100%）
考核标准	小组分工情况、准备工作	10				
	正确复述叉车种类	20				
	正确读取叉车各项参数	20				
	填写登记表正确规范	30				
	人员分工明确，协作性好	10				
	学习认真，表现积极	10				
合　计		100				

叉车属具

叉车属具也称多种装置，是发挥叉车一机多用的最好工具，要求在以货叉为基型的叉车上较方便地更换多种工作属具，使叉车适应多种工况的需要。

1. 侧移叉

侧移叉（见图6－5）用于将带托盘的货物左右移动对位，便于货物的准确叉取和堆垛；提高了叉车的工作效率，延长了叉车的使用寿命，减轻了操作人员的劳动强度；节省了仓库空间，提高了仓库的利用率。

2. 调距叉

调距叉（见图6－6）通过液压调整货叉间距，实现搬运不同规格托盘的货物；无须操作人员手动调整货叉间距，减轻了操作人员的劳动强度。

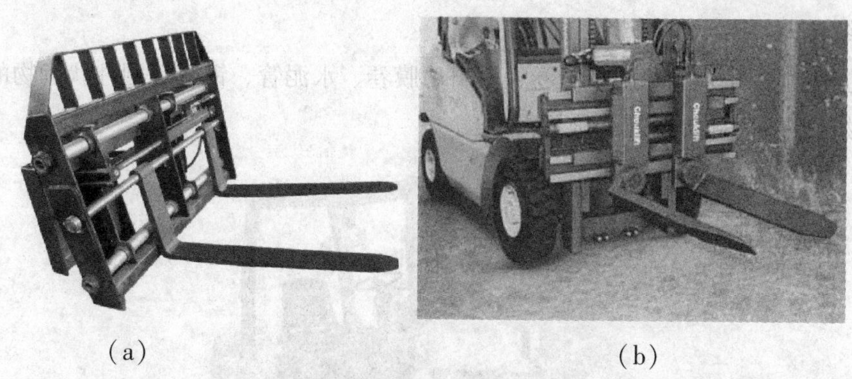

(a) (b)

图6-5 侧移叉

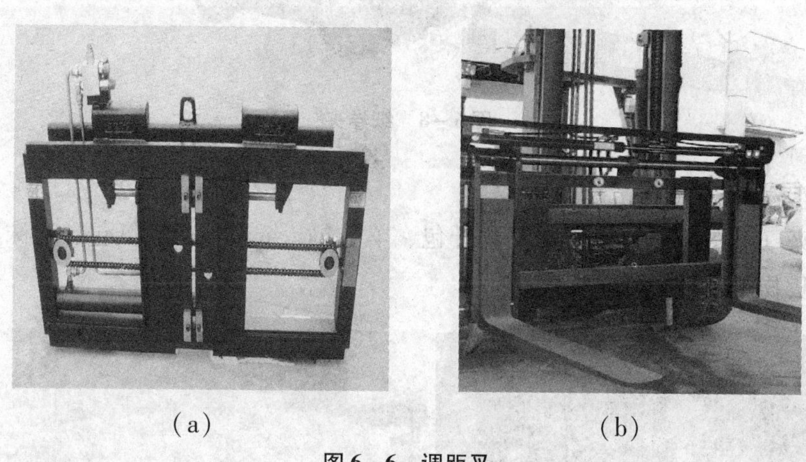

(a) (b)

图6-6 调距叉

3. 前移叉

前移叉（见图6-7）用于叉取较远的托盘或货物（如从一个车厢侧面），能够快速和简便地进行装货和卸货。通常和调距叉配装在一起使用，效率更高。

图6-7 前移叉

4. 纸卷夹

纸卷夹（见图6－8）用于纸卷、塑料薄膜卷、水泥管、钢管等圆柱状货物的搬运，实现货物的快速无破损装卸和堆垛。

图6－8　纸卷夹

5. 软包夹

软包夹（见图6－9）用于棉纺化纤包、羊毛包、纸浆包、废纸包、泡沫塑料软包等无托盘货物搬运。

（a）　　　　　　　　（b）

图6－9　软包夹

6. 多用平（大面）夹

多用平（大面）夹（见图6－10）实现对纸箱、木箱、金属箱等箱状货物（家电如电冰箱、洗衣机、电视机等）的无托盘化搬运，节省了托盘的采购和维护费用，降低了成本。

7. 烟包夹

烟包夹（见图6－11）用于烟草行业的烟箱，尤其适合复烤烟叶箱的无托盘化搬运，可以实现一次搬运1个、2个或多个烟叶箱。

图 6－10　多用平（大面）夹

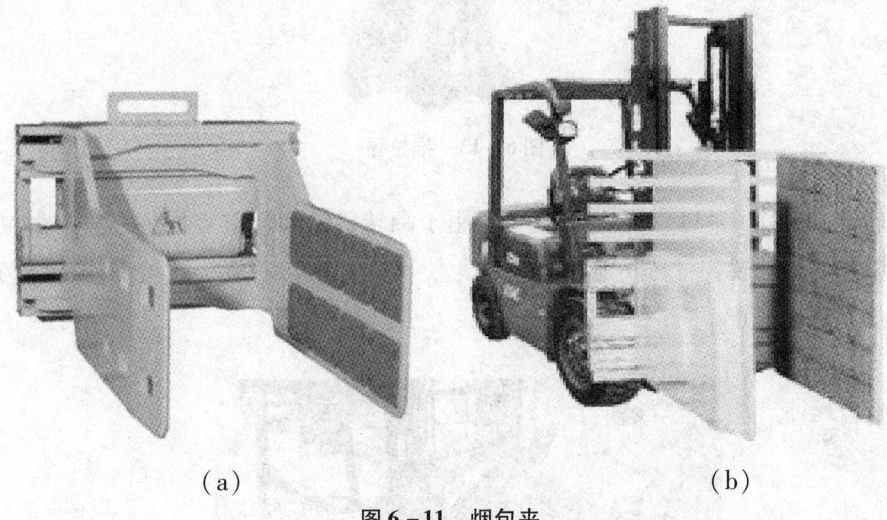

（a）　　　　　　（b）

图 6－11　烟包夹

8.（倒）桶夹

（倒）桶夹（见图 6－12）用于 1～4 个化工、食品行业中 55 加仑标准油桶的无托盘搬运和倾倒，也可制作特殊桶用的专用桶夹（如微型桶夹、垃圾桶夹）。

图 6－12　（倒）桶夹

9. 推拉器

推拉器（见图6－13）用于对单元货物的无托盘化搬运和堆垛作业，在食品、轻工电子行业应用广泛。滑板可以采用纸质滑板、塑料滑板、纤维滑板，省去购买、存放、维修托盘等费用。

图6－13　推拉器

10. 旋转器

旋转器（见图6－14）可360°旋转，用于翻转货物和倒空容器，将货物翻倒或将竖着的货物水平放置，可与其他属具连用，使属具有旋转功能，还可专用于浇铸、渔业和防爆型产品。

图6－14　旋转器

任务二　叉车安全操作规程

任务目标

1. 了解并掌握安全操作规范。
2. 能熟记安全驾驶注意事项。

任务描述

根据加德物流公司的《特种设备安全操作相关规定》，所有特种设备作业人员必须通过公司组织的安全操作测试才能使用叉车。

在叉车每月例行检查的时间，公司安排了徐雷学习《特种设备安全操作相关规定》，并口述回答了叉车安全操作内容。

任务准备

一、相关知识

为了加强叉车操作的安全，加德物流公司制定了以下安全操作规程。

1. 人员

（1）驾驶叉车的人员必须经过专业培训，通过安全生产监督部门的考核，经公司相关人员同意后方能驾驶，严禁无证操作。

（2）严禁酒后驾驶，行驶中不得饮食、闲谈、打手机和使用对讲机等。

（3）驾驶员运行叉车时必须戴好安全帽，佩戴安全带。

2. 起动

（1）车辆起动前，检查起动、音响信号、蓄电池电路、运转、制动性能、货叉、轮胎，使之处于正常状态。

（2）当有机械问题的时候，不能自己进行修理，应关掉叉车并通知机修人员。

（3）叉车在载物起步时，驾驶员应先确认所载货物平稳紧靠。

3. 行驶

（1）叉车在运行时，不准任何人上、下车，货叉上严禁站人。

（2）空载时货叉离地约300mm，载货行驶时货叉离地高度不得大于500mm，门架须后倾。

（3）如遇前面有人，应当按喇叭提示让行。

（4）非紧急情况下，不能急转弯和急刹车。

（5）空车上、下斜坡时，如果在斜坡上空车行驶，需要倒后上坡，货叉向前行驶下坡。这样重心会落在前轮上。

（6）载货时上、下坡，如果在斜坡上载货行驶，需要货叉向前行驶上坡，倒后行驶下坡。这样重心也会落在前轮上，任何情况下都不允许在斜坡上掉头。

（7）叉车原则上不准超车，但要超越停驶车辆时，应减速鸣号。

4. 作业

（1）严禁超载、偏载行驶。

（2）装卸货物时，必须踩住刹车。

（3）作业速度要缓慢，不准冲击托盘或货物。

（4）停车后禁止将货物悬于空中，卸货后应先将货叉降至正常的行驶位置后再行驶。

（5）叉车所载货物不得遮挡驾驶员视线，如出现遮挡视线时应倒后缓慢行驶，如遇上坡则不应倒车行驶，应有一人在旁指挥前进。

5. 停车

（1）尽量避免停在斜坡上，如不可避免，则应取其他可靠物件塞住车轮，货叉降到最低位置，拉紧手刹并熄火。

（2）不能将叉车停在紧急通道、出入口、消防设施旁。

（3）叉车暂时不使用时应关掉电源，拉刹车。

6. 充电

（1）使用充电器时，要选择用与叉车配套的充电器。

（2）充完电后，应先关掉电源，再拉出充电器插头，并将充电器挂好，严禁随意放堆放。

7. 维护

（1）发现叉车有不正常现象，应当立即停车检查。

（2）严禁在叉车起动的情况下进行维修、装拆零部件。不能自行维修叉车和装拆零部件。

（3）严格按照公司的叉车保养、维修规程进行维修保养。

8. 意外

（1）如遇车辆撞倒障碍物，应立即踩离合、踩刹车，并稳定方向盘。

（2）如遇车辆倾侧，千万不能跳车，身体靠在叉车倾倒方向的反面。

二、材料与工具

柴油叉车和电动叉车各1辆。

任务实施

1. 学习叉车安全操作规范内容

2. 学习叉车检查内容

3. 完成叉车安全操作测试表（见表6-3）

表 6-3 叉车安全操作测试

班级：		学号：	姓名：	
序号	叉车出现问题/状况	分值（分）	解决方法	得分
1	驾驶叉车过程遇电话响起	10		
2	车辆起动前发现轮胎气压不足	10		
3	行驶中发现所载货物将要掉落	10		
4	载货行驶发现前方有下行斜坡	10		
5	行驶遇前面有人	10		
6	前方叉车突然减速慢驶	10		
7	载货行驶遇临时停车	10		
8	已起动的叉车暂时不使用	10		
9	叉车撞倒障碍物	10		
10	叉车临时停车后大量液体漏出	10		
合　计		100		

步骤 1：叉车安全检查。叉车是大型的物流设备，如发生安全事故后果很严重。所以必须定期对叉车进行安全运行检查，一般分为日检查和月检查，日检查为每天出车前都按照检查表对叉车进行检查。

步骤 2：叉车故障排除。

步骤 3：叉车的安全使用规则。

任务评价

叉车安全操作实训任务评价如表 6-4 所示。

表 6-4 叉车安全操作实训任务评价

组别：		成员：				
	项　目	分值（分）	自我评价（30%）	其他组评价（40%）	教师评价（30%）	合计（100%）
考核标准	小组分工情况、准备工作	10				
	正确进行叉车安全检查	20				
	正确复述叉车安全操作	20				
	填写登记表正确规范	30				
	人员分工明确，协作性好	10				
	学习认真，表现积极	10				
合　计		100				

拓展提升

叉车的维护

维护等级一般划分为日常维护、定期维护、走合维护、换季维护和封存维护几个等级。其中，定期维护又分为一级维护与二级维护，修理等级分为大修、中修和小修。

（1）日常维护以清洁机械、外部检查为主要内容，通常由操作手在每次作业前后进行。

（2）定期维护是叉车在使用一定时间后所进行的一种维护，分为一级维护和二级维护；定期维护与大修、中修重合时可一并进行。一级维护每使用 1 个月进行一次，二级维护每使用 6 个月进行一次。

（3）走合维护是对新出厂的或大修后的机械在使用初期所进行的维护，其内容和方法除按日常维护要求进行外，还要进行加载试验，各项性能指标应符合说明书上的要求。

（4）换季维护是指全年最低温度在 −5℃以下的地区，机械在入冬、入夏前进行的维护。如与二级技术维护重合时，可结合进行。

（5）封存维护是指预计 2 个月以上不使用的叉车均应进行封存。封存的叉车技术状态须良好；封存前应根据不同车况进行相应种类和级别的维护，达到技术状态良好；新的或大修后的叉车，一般应完成走合维护后再封存。

任务三　叉车行进和倒后操作

任务目标

1. 会按操作规程完成叉车起动、停止的相关操作。
2. 能在前进及倒车时保持直线行驶。

任务描述

徐雷通过了公司的安全操作考试，老郭正式安排他学习驾驶叉车。万丈高楼平地起，所有技术熟练的叉车师傅都应该从入门学起，徐雷首先学习的是直线前进和直线后退。

一、相关知识

1. 就车、下车与驾驶姿势

就车与下车都须紧记“左上左下”的原则，也就是从驾驶室左侧车门就车，从驾驶室左侧车门下车。因为叉车右侧车门通常设有门架操纵杆、变速操纵杆和换向操纵杆，从右侧就车与下车都容易误触机构。

正确的驾驶姿势能减轻驾驶员的劳动强度，更好地运用各项操纵机件。正确的驾驶姿势是：上车后，身体对正方向盘坐稳，上身轻靠座位，调节座位适合状态，左手握在方向盘的手柄上，右手轻搭在换向杆和变速杆上，左脚放在离合器踏板上，右脚放在油门踏板上。

2. 方向盘的操作

方向盘正确的握法是：左手握住方向盘上的手柄，右手轻搭在换向杆和变速杆上，这样在右手操纵其他机件和工作装置时，左手仍能自由地进行左、右转向。

3. 离合器的操作

离合器控制车辆动力的切断和传递，踩下时离合器分离，发动机与传动系统动力传递便中断，车辆处于空转状态。车辆进行换挡时，必须踩下离合器。离合器操作原则是“踩要快，放要慢”，踩下踏板时动作要快，一次踩到底，抬起离合器踏板要慢抬或先快后慢，但不允许长时间使用半踩离合或将脚放在踏板上。

4. 油门踏板的操作

操纵油门踏板时，以右脚脚跟放在驾驶室底板上作为支点，脚尖轻踩在踏板上。油门控制要连续轻踩，缓缓下压，不可以忽踩忽放或连续抖动。

5. 制动踏板的操作

制动踏板又称脚刹，踩下踏板可使叉车减速或停止运行。为了不使发动机熄火，可先踩下离合器。踩下制动踏板的行程和速度应视不同制动要求而调整，可采取先轻踩下再逐渐加重的方式，遇突发状况需紧急制动，可迅速踩下。

6. 换向杆、变速杆的操作

换向杆用来实现叉车的“前进”和“倒后”，变速杆指示叉车运行速度大小，叉车通常有高速挡和低速挡，初学者不建议使用高速挡。操纵变速杆和换向杆时，应松开油门踏板，踩下离合踏板，换挡结束后右脚轻压油门踏板同时，左脚慢慢放开离合器踏板，整个过程做好油离配合。

7. 工作装置的操纵

在驾驶室右侧有多个操纵杆，通常靠近方向盘的为起升操纵杆，向后压下操纵杆时货叉起升，向前抬起操纵杆时则货叉下降；外侧的为倾斜操纵杆，向后压下操纵杆时门架后倾，向前抬起操纵杆时则门架前倾。

二、材料与工具

柴油叉车 1 辆。

步骤 1：叉车起步。

按正确的操作方法起动发动机，扫视各仪表工作是否正常；操纵工作装置杆使货叉处于运行状态，即货叉离地 300mm，门架后倾；踩下离合器踏板，将变速杆挂入低速挡，换向杆置于前进或倒后位置，松开手刹；左脚按要领将离合器踏板松开，同时轻踩油门踏板，使叉车平稳起步。

步骤 2：直线前进和倒后。

直线前进时要做到：目视前方，看远顾近，注意两旁，尽量保持直线行驶。在划定的停车线前刹停车辆。

直线倒后要求叉车在划线范围内从终点直线倒回起点位置，倒车时要从后窗看目标倒车，一旦发现车辆偏离路线，应适当修正方向盘。

步骤 3：停车操作。

停车时，应先松开油门踏板，同时踩下离合器，适当地使用制动踏板，使叉车平稳地在指定位置停下，并保证车身与轮胎平直。调节变速杆和换向杆到空挡，拉紧手刹，然后松开制动踏板和离合器踏板。将货叉降到最低位置，并确认前叉部分贴地。

直线前进和倒后训练任务评价如表 6－5 所示。

表 6－5　　直线行进和倒后训练任务评价

学号：		姓名：			日期：	
项　目		分值（分）	自我评价（30%）	其他组评价（30%）	教师评价（40%）	合计（100%）
起动前检查	驾驶员是否穿戴安全装备	5				
	叉车转向灯是否正常工作	5				
	叉车蜂鸣器是否正常工作	5				
	货叉是否调节到行驶状态	10				

续 表

项目		分值（分）	自我评价（30%）	其他组评价（30%）	教师评价（40%）	合计（100%）
车辆行驶操作	驾驶姿势是否始终正确	10				
	车辆是否保持直线行驶	15				
	车辆是否在规定范围内停车	10				
	油门/离合踏板控制是否平顺	10				
车辆停止操作	车身与轮胎是否保持平直	10				
	是否调节货叉贴地	10				
	是否拉紧手刹	10				
合　计		100				

注：考核满分为100分。60分以下为不及格；60～69分为及格；70～79分为中等；80～89分为良好；90分以上为优秀。

指示仪表的含义

（1）电流表。电流表用来指示蓄电磁充电或放电的情况。充电时，指针偏向“+”号侧，放电时，指针偏向“-”号侧。数字表示电流大小，单位为A。

（2）水温表。水温表用来指示发动机运转时冷却水的温度，单位为摄氏度（℃），它在接通点火开关后才起作用。发动机的正常水温应为80℃～90℃。

（3）燃油表。燃油表用以指示燃油箱的存油量。表盘上有“0”“1/2”“1”3个实数，分别表示油量为“空”“一半”和“满”。

（4）机油压力表。机油压力表用来指示发动机运转时润滑系统主油道的压力，表上的刻度单位为MPa。各车型发动机的正常机油压力应符合生产厂家的规定。

（5）计时表。计时表用来记录发动机工作的时间，据此确定叉车维护和修理的周期、作业的性质及内容。表上的计时单位为h，末位数字为1/10h。

（6）油温表。油温表用来显示液力传动系统中液力变矩器工作油液的温度。变矩器正常工作油温控制在85℃～100℃，当超过100℃时应停车冷却。

（7）挂挡压力表。挂挡压力表用来指示液力传动系统中变速箱液压离合器的工作油压。表盘上的刻度单位为MPa。车型不同，其压力值有差异，一般为0.98～1.4MPa。

（8）车速里程表。车速里程表是复合式仪表。车速表用来指示叉车的行驶速度，指针读数为瞬时车速，单位为 km/h。里程表的读数随行驶距离的增加而增大，为累计里程，单位为 km，用数字显示。

任务四 “8”字行进训练

任务目标

1. 叉车前进行驶转弯技巧。
2. 叉车倒后行驶转变技巧。

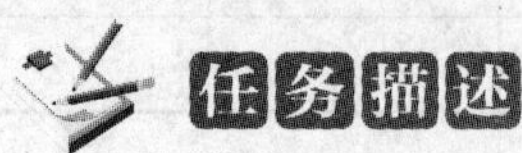

徐雷已掌握叉车的基本操作，包括叉车起步、直线向前和倒后行驶。老郭考虑到叉车日常操作当中不免要转弯的，倒后转弯更是一个难点，所以今天专门安排了训练转弯技巧的学习。

一、相关知识

叉车转向，包括转弯要领、转弯注意事项。

转弯要领，叉车转弯要做到平稳、安全，必须做到“减速、鸣号、靠右行”的原则。减速可以防止因离心力过大而使车辆失稳、失控，特别是在高速挡行驶时，一定要及时改挂低速挡；鸣号是提醒对方车辆和行人注意，及时避让，特别是在视线不良的弯道；靠右行驶可以让叉车在转弯时有足够的空间。打方向盘应用左手握住手柄并转动，原则是“早打、慢打，少打、少回”。

转弯注意事项，叉车行驶至弯道时，应降低车速，打转向灯，将右脚放在制动踏板上，随时做好制动的准备；转弯时车速要慢，操作方向盘不能过急，以免离心力过大造成甩尾甚至倾翻。

二、材料与工具

（1）场地设置。叉车“8”字形行进场地设置如图 6－15 所示。其中，路幅 A 为车宽 800mm，大圆直径 B 为 2.5 倍车长。

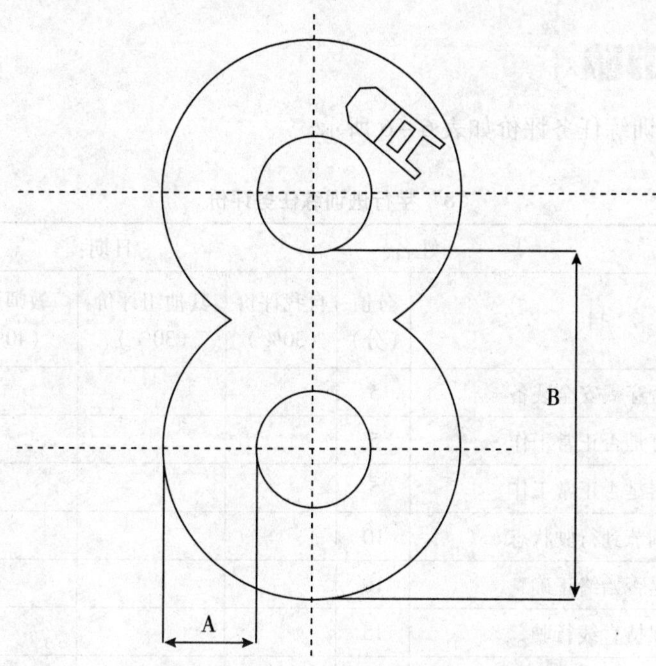

图 6－15 叉车“8”字形行进场地设置

（2）柴油叉车 1 辆。

任务实施

1. 根据路线图布置场地。
2. 学习“8”字路线正向、倒后行驶。
3. 完成“8”字路线测试。

实施步骤

步骤 1：叉车起步。

步骤 2：叉车“8”路线正向行进。叉车前进行驶时，前内轮尽量靠内圈，当车身行驶至立杆与驾驶室 A 柱对齐的位置再打方向盘，同时眼睛注意外轮是否压线。转向要柔和、适当，车速要均匀，尽量保持弧形前进。

步骤 3：叉车“8”路线反向倒车。叉车反向倒车时，后外轮尽量外靠，当车身行驶至立杆与驾驶员大腿对齐的位置再打方向盘，同时眼睛注意车辆右后方是否顺利绕过立杆，当右后方顺利绕过立杆后及时回转方向盘，回转动作要均匀。

步骤 4：叉车“8”路线双向进退。

任务评价

“8”字行进训练任务评价如表6－6所示。

表6－6　“8”字行进训练任务评价

学号：　姓名：　日期：

项　目		分值（分）	自我评价（30%）	其他组评价（30%）	教师评价（40%）	合计（100%）
起动前检查	驾驶员是否穿戴安全装备	5				
	叉车转向灯是否正常工作	5				
	叉车蜂鸣器是否正常工作	5				
	货叉是否调节到行驶状态	10				
车辆行驶操作	驾驶姿势是否始终正确	10				
	车辆是否保持直线行驶	15				
	车辆是否在规定范围内停车	10				
	油门/离合踏板控制是否平顺	10				
车辆停止操作	车身与轮胎是否保持平直	10				
	是否调节货叉贴地	10				
	是否拉紧手刹	10				
合　计		100				

注：考核满分为100分。60分以下为不及格；60～69分为及格；70～79分为中等；80～89分为良好；90分以上为优秀。

拓展提升

叉车换挡及紧急制动

叉车一般有2个挡位，1挡为低速挡，2挡为高速挡。低速挡的特点是行驶速度慢，使驱动轮获得较大的转矩，增大了牵引力。因此它适用于起步、爬坡，通过困难路段、急转弯、取货和卸货等场合。但低速挡车速慢，发动机温度容易升高，燃油消耗大，故行驶距离不宜过长。高挡行驶速度快，牵引力小，发动机转速低，燃油消耗低，适用于较好的路况及较长距离的行驶。

由低速挡换入高速挡的过程称为加挡，由高速挡换入低速挡的过程为减挡。这是两种不同的操作程序，操作方法也有区别。

加挡。叉车起步后，只要场地宽阔，运行距离长，所搬运货物牢固可靠，就要平稳地踩下加速踏板，逐渐提高车速。当车速适合换入高一级挡位时，立即抬起加速踏板，同时迅速踏下离合器踏板，将变速杆移入空挡位置，随即迅速抬起离合踏板并立即踩下，将变速杆由空挡移入高一级挡位。接着边松抬离合器踏板，边慢慢踩下加速踏板，待需加速至更高一级挡位的车速时，可按上述操作法换入更高挡位。

减挡。叉车在行驶中遇到阻力较大的路段或上坡时，车速逐渐减低，发动机动力不足，高速挡不能继续行驶时，在接近货垛、进入库房前，均应降低车速，从高速挡换入低速挡。减挡时，首先抬起加速踏板，同时迅速踩下离合器踏板，将变速杆移入空挡位置。接着抬起离合器踏板，并迅速点踩加速踏板（加空油），随即迅速踩下离合器踏板，将变速杆换入低一级挡位。然后一面松抬离合器踏板，一面踩下加速踏板，使叉车继续行驶。

紧急制动。叉车在行驶和作业过程中，遇到危险及紧急情况时，驾驶员迅速地使用制动器，在最短距离内将车停住，达到避免事故、防止货物损伤的目的，称为紧急制动。紧急制动对叉车的机件和轮胎都会造成较大的损伤，特别是当叉车在搬运货物过程中，易造成货物的损坏，甚至使叉车向前倾翻，并往往由于左、右车轮制动力不一致，或左、右车轮与路面的附着系数有差异，以致造成叉车“跑偏”“侧滑”，使其失去方向控制。因此，紧急制动只有在不得已的情况下方可使用。紧急制动的操作方法：紧握方向盘，迅速放松加速踏板，并立即用力踩下制动踏板，同时拉紧手动制动器操纵杆，充分发挥车辆的最大制动能力，使叉车立即停住。

任务五 “工”字路线训练

任务目标

1. 直角通道行驶的技巧。
2. 倒进车库的技巧。
3. “工”字路线行驶的技巧。

任务描述

加德物流公司每年都会举行员工的技能大赛，而叉车项目是需要走几段路线的，老郭为徐雷安排了练习比赛路线。这 3 条路线熟习后不仅能参加比赛，也会提高叉车在仓库通道作业的效率。

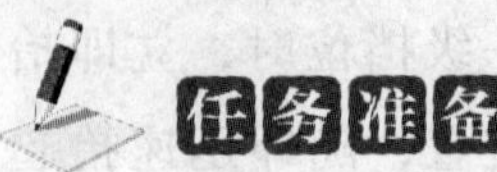

一、相关知识

场地布置

1. 直角通道的场地布置

直角通道利用立杆设置成带有左、右直角转弯，180°调头的路线，其场地布置如图 6－16 所示。其通道宽度 A 为叉车的最小转变半径。

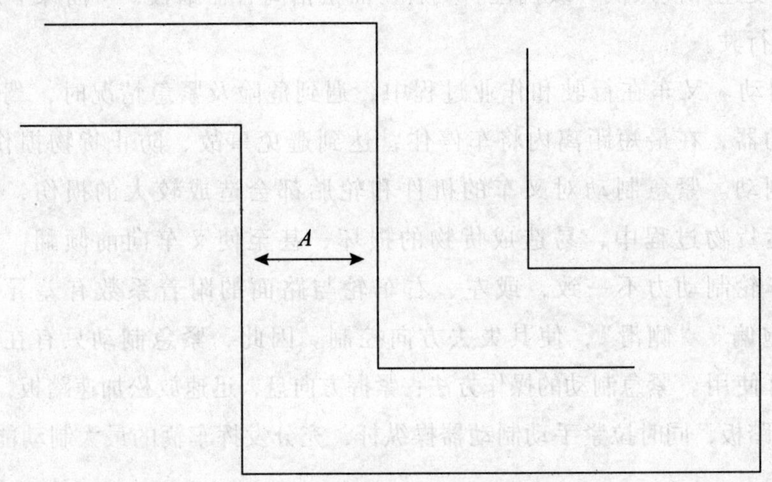

图 6－16　直角通道场地布置

2. 倒进车库的场地布置

叉车倒进车库的场地布置如图 6－17 所示。其中车库长＝车长＋0.4m；车库宽＝车宽＋0.4m；库前路宽＝（1＋1/4）车长。

3. “工”字路线的场地布置

叉车“工”字路线的场地布置如图 6－18 所示。车库长 A＝车长＋0.4m，车库宽 B＝车宽＋0.4m；通道路宽（$M-2A$）＝（1＋1/4）车长。

二、材料与工具

平衡重式柴油叉车 1 辆、长短桩 16 支。

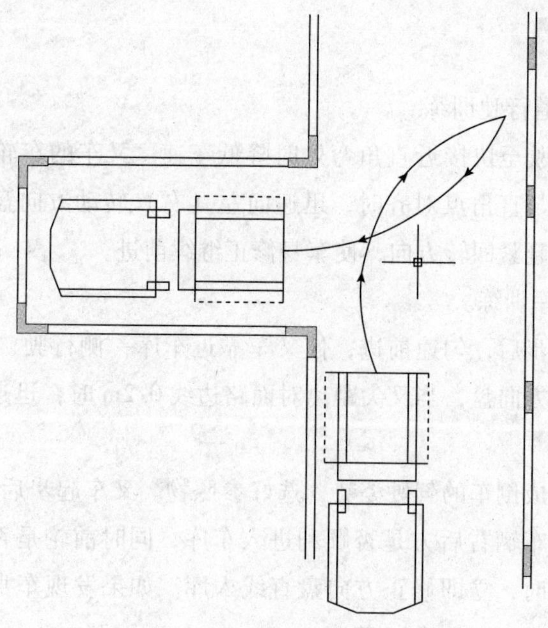

图 6－17　倒进车库的场地布置

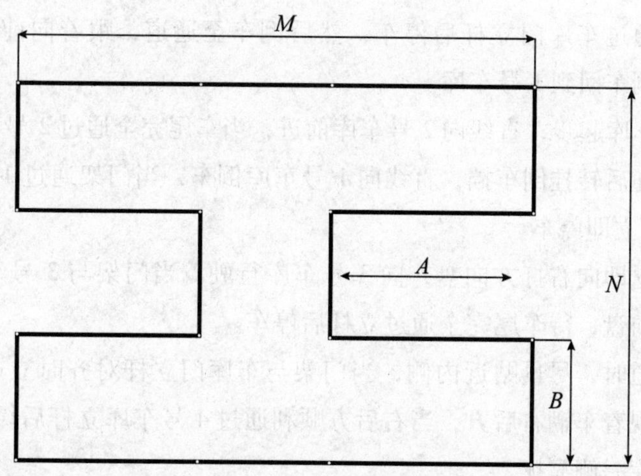

图 6－18　“工”字路线的场地布置

任务实施

1. 根据行驶路线图，布置场地。
2. 熟练地在 3 条路线上行驶。
3. 完成评价表。

实施步骤

步骤 1：直角通道行驶训练。

叉车起步后，行驶至快接近直角弯处时降低车速。叉车的车轮与内侧边线应留有一定的间距，当门架与直角点对齐时，迅速向左（右）转动方向盘到极限位置，待叉尖顺利绕过外边线时赶紧回转方向，使车身修正继续前进。

步骤 2：倒进车库训练。

叉车挂低速挡起步后，匀速前进，使叉车靠近车库一侧行驶，当车辆 A 柱与车库对齐时，迅速向右打方向盘，当叉尖距离对面路边线 0.2m 时，迅速回转方向盘，并随即停车脱挡。

后倒前，先调整成倒车的驾驶姿势，选好参照物。叉车起步后，向左转动方向盘，缓慢后倒。眼睛注意车辆右后方是否顺利进入车库，同时前轮是否留有空位，当车身与两侧立杆成平行线时，立即修正方向盘直线入库。如果发现车身两侧位置极不对称时，可以适当向前调整，再倒进车库。

步骤 3："工"字路线行驶训练。

叉车从 1 号车库出到 2 号车库，然后倒车回 1 号车库，接着从 2 号车库驶到 3 号车库，当车尾完全通过车库门立杆后停车，然后倒车至通道，跟着向前进入 4 号车库，最后从 4 号车库倒车回到 1 号车库。

叉车从 1 号车库起步，直线向 2 号车库前进，当车尾完全通过 2 号车库门的立杆时立即脱挡停车。随后转挂倒车挡，直线向 1 号车库倒车，当门架通过 1 号车库门立杆，距离约有 20cm 时立即停车。

叉车起步并立即向右打方向盘，向 3 号车库行驶，当门架与 3 号车库门立杆对齐时立即向左打方向盘，待车尾完全通过立杆后停车。

叉车倒向通道时，尽量贴近内侧，当门架与车库门立杆对齐时立即向左打方向盘至极限，眼睛注视着车辆右后方，当右后方顺利通过 4 号车库立杆后缓慢回转方向盘，使车身向 4 号车库一侧靠拢。

叉车从 4 号车库倒向 1 号车库时，时刻确保叉车贴近内侧的路线。当车辆在 1 号车库停稳后，应检查前后轮是否压线，轮胎是否回正才可调节前叉贴地。

任务评价

"工"字行进训练任务评价如表 6－7 所示。

表 6－7　“工”字行进训练任务评价

学号：　　　　　　姓名：　　　　　　日期：

项目		分值（分）	自我评价（30%）	其他组评价（30%）	教师评价（40%）	合计（100%）
起动前检查	驾驶员是否穿戴安全装备	5				
	叉车转向灯是否正常工作	5				
	叉车蜂鸣器是否正常工作	5				
	货叉是否调节到行驶状态	10				
车辆行驶操作	驾驶姿势是否始终正确	10				
	车辆是否保持直线行驶	15				
	车辆是否在规定范围内停车	10				
	油门/离合踏板控制是否平顺	10				
车辆停止操作	车身与轮胎是否保持平直	10				
	是否调节货叉贴地	10				
	是否拉紧手刹	10				
合　计		100				

叉车取卸货作业

叉车的主要工作就是装卸搬运，这就离不开叉车取货和卸货作业，为了安全地作业必须掌握一定的作业技巧。下面分别介绍叉车取货和卸货的作业技巧。

叉车叉取货物的过程可以概括为 8 个动作（见图 6－19）。

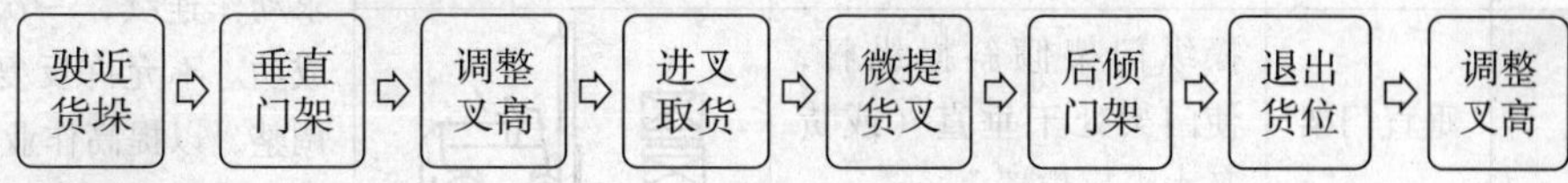

图 6－19　叉车叉取货物的过程

叉车卸下货物的过程也可以概括成 8 个动作（见图 6－20）。

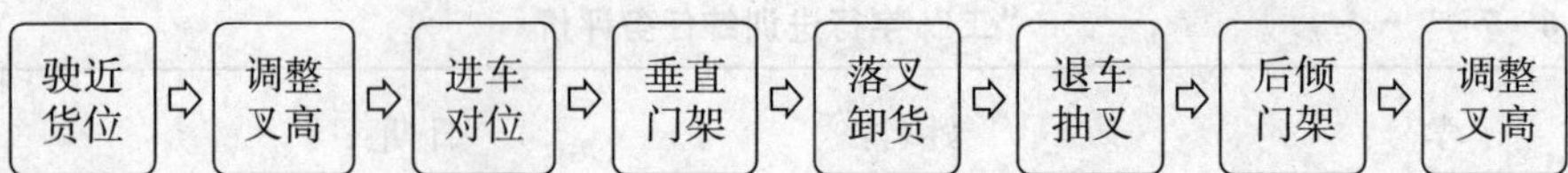

图 6－20　叉车卸下货物的过程

任务六　叉车叉取作业训练

任务目标

1. 熟练操控货叉，并能准确调节。
2. 能驾驶叉车搬运货物到指定位置。

任务描述

货物到达仓库后，需要利用叉车把整托的货物从 A 点搬运到 B 点，并且在货物卸载后需要整理托盘，为了节省空间，需要把托盘垂直叠起来存放，则需要利用叉车把托盘整齐地堆叠起来。

任务准备

一、相关知识（见表 6－8）

表 6－8　叉车叉取作业步骤

作业步骤	作业名称	作业特点	作业图示	作业说明
1	驶近货垛	叉车起步后，操纵叉车行驶至货垛前面，进入工作位置		①通过操纵杆，操纵门架动作或调整叉高，要求动作连续，一次到位成功。不允许反复多次调整，以提高作业效率 ②进叉取货过程中，可以通过离合哭控制进叉速度（但不能停车），避免碰撞货垛。取货
2	垂直门架	操纵门架倾斜操纵杆，使门架处于垂直（或货叉水平）位置		
3	调整叉高	操纵货叉升降操纵杆，调整货叉高度，使货叉与货物底部空隙同高		

续 表

作业步骤	作业名称	作业特点	作业图示	作业说明
4	进叉取货	操纵叉车缓慢向前，使货叉完全进入货物底下		要到位，即货物一侧应贴上叉架（或货叉垂直段），同时，方向要正，不能偏斜，以防货物散落 ③进叉取货时，叉高要适当，禁止刮碰货物 ④叉货行驶时，门架一般应在后倾位置。在叉取某些特殊货物，门架后倾反而不利时，也应使门架处于垂直位置。任何情况下，都禁止重载叉车在门架前倾状态下行驶
5	微提货叉	操纵货叉升降操纵杆，使货物向上起升而使货物离开货垛		
6	后倾门架	操纵门架倾斜操纵杆，使门架后倾，防止叉车在行驶中货物散落		
7	驶离货垛	操纵叉车倒车而离开货位		
8	调整叉高	操纵货叉升降操纵杆，调整货叉的高度，使其距地面一定高度（电动叉车为 10 ~ 20cm，内燃叉车为 20 ~ 30cm）		

二、材料与工具

一个 $100m^2$ 的平整空地、一台叉车、3 个空托盘、90 个 30cm × 30cm × 40cm 纸箱子。

实施步骤

步骤 1：老师下达任务书，学生讨论总结该如何完成叉取作业。

分任务 3 个。

1. 准确操控货叉托起货物

准备工作：取 3 个空托盘，垂直整齐同一方向叠好。

第 1 步：驾驶叉车行进至托盘正前方工作位置，停车。

第 2 步：操控货叉水平于地面。

第 3 步：调节货叉至地面与托盘空隙处。

第 4 步：驾驶叉车缓慢行进，使货叉完全进入托盘底下，停车，拉手刹，空挡。

第 5 步：调节货叉，水平提起托盘 5cm。

第 6 步：调节货叉，放下托盘。

第 7 步：驾驶叉车，使货叉完全离开托盘底下。

重复第 3 ~ 第 7 步，分别叉取第 2 个、第 3 个托盘。

2. 驾驶叉车堆叠空托盘

准备工作：地面上画两个并列相隔 20cm 的方格，大小为 140cm × 140cm，取 3 个空托盘，垂直整齐同一方向叠好在一个方格内。

第 1 步：驾驶叉车行进至托盘正前方工作位置，停车。

第 2 步：调整货叉至第 2 个与第 3 个托盘空隙处。

第 3 步：驾驶叉车缓慢行进，使货叉完全进入托盘底下，停车，拉手刹，空挡。

第 4 步：调节货叉，水平提起第 3 个托盘 5cm。

第 5 步：驾驶叉车直线离开方格 5cm，停车，拉手刹，空挡。

第 6 步：调整货架至行车状态。

第 7 步：驾驶叉车离开第 1 个方格，来到第 2 个方格前，停车，拉手刹，空挡。

第 8 步：调节货叉，使托盘离地面 5cm。

第 9 步：驾驶叉车缓慢行进，使托盘完全整齐进入到第 2 个方格内，停车，拉手刹，空挡。

第 10 步：调节货叉，放下托盘。

重复第 1 ~ 第 10 步，分别叉取第 2 个、第 1 个托盘，重叠在第 3 个托盘上。

3. 驾驶叉车搬运货物到指定位置

准备工作：第一排 3 个 140cm × 140cm 方格（11 号、12 号、13 号），里面各放置一个托盘（1、2、3 号），每个托盘上有 30 个纸箱，离一排方格 10m 处，设置第 2 排 3 个 140cm × 140cm 方格（21 号、22 号、23 号）。

第 1 步：驾驶叉车行进至 1 号托盘正前方工作位置，停车。

第 2 步：操控货叉水平于地面。

第 3 步：调节货叉至地面与托盘空隙处。

第 4 步：驾驶叉车缓慢行进，使货叉完全进入托盘底下，停车，拉手刹，空挡。

第 5 步：调节货叉，水平提起货物 5cm。

第 6 步：驾驶叉车直线离开方格 5cm，停车，拉手刹，空挡。

第 7 步：调整货架至行车状态。

第 8 步：驾驶叉车离开第 11 号方格，来到 21 号方格前，停车，拉手刹，空挡。

第 9 步：调节货叉，使托盘离地面 5cm。

第 10 步：驾驶叉车缓慢行进，使托盘完全整齐进入到 21 号方格内，停车，拉手刹，空挡。

第 11 步：调节货叉，放下托盘。

重复第1～第11步，分别搬运2号、3号货物到22号、23号方格内。

步骤2：老师按规范演示如何完成分任务1。

老师按照规范，一边操作，一边讲解分任务1的难点与重点。

步骤3：学生上车练习。

通过自己的思考，结合教师的演示，对于分任务1有了一定的了解，学生就可以上车按照规范步骤来练习。

步骤4：师生共同检查练习的效果，归纳操作要点。

步骤5：教师对学生的操作进行点评并对知识进行总结。

重复步骤2～步骤5，分别完成分任务2、分任务3。

工作页（工作记录）如表6－9所示。

表6－9　　　　工作页（工作记录）

班别		姓名		学号	
项目名称		工作内容			
工作岗位		作业员			
项目组		负责人（组长）			
小组成员					
工作过程：					
工作反思（小结）：					
项目组评定：					
教师点评：					

任务评价

叉车叉取作业任务评价如表6－10所示。

表6－10　　　　叉车叉取作业任务评价

组别：		姓名：			成员：	
考核标准	项　目	分值（分）	自我评价（30%）	其他组评价（30%）	教师评价（40%）	合计（100%）
	操作规范	40				
	任务完成情况	40				
	所用时间	10				
	是否认真努力	10				
合　计		100				

评分要求：场考时有下列情况之一为不合格。

①车身任何部位超出划线范围。

②移动桩位。

③违反操作规程。

④未按规定路线行驶。

⑤由于技术生疏，货物从货叉上掉下。

⑥油门当制动器应用。

评分标准：设定总分 100 分，90 分为合格基准，操作评分标准如表 6－11 所示。

表 6－11　　叉车操作评分标准

序号	项目	扣分标准	扣分记录
1	检查车辆准备起动（每错或少一动作）	扣 2 分	
2	起动时间过长	扣 2 分	
3	起步不鸣号，不观察周围情况	扣 3 分	
4	起步前未升货叉，门架未后倾	扣 3 分	
5	车已驶动未松手制动器	扣 3 分	
6	起步不稳或转弯不减速	扣 4 分	
7	原地打方向盘	扣 6 分	
8	油门与离合器及刹车配合不当	扣 4 分	
9	使用离合器半联动时间过长	扣 5 分	
10	转弯半径选择较差，转弯后方向回正不及时	扣 2 分	
11	中途停车或熄火	扣 7 分	
12	叉货、卸货时使货物移位	扣 6 分	
13	前进或后退还手（每次）	扣 3 分	
14	碰擦杆一次但未移动桩位	扣 7 分	
15	换挡时有严重齿轮碰击声一次	扣 2 分	
16	倒车不到位或停车位置不到位	扣 3 分	
17	未在载货中心距内起升货物或运行	扣 3 分	
18	未使货叉稍向前倾起叉货物一次	扣 3 分	
19	起叉货物后，货叉未后倾	扣 3 分	

续 表

序号	项目	扣分标准	扣分记录
20	货叉未在垂直位置扣后倾位置上升、下降一次	扣3分	
21	开门探视或身体伸出车外观察	扣3分	
22	压线一次但未出线	扣3分	
23	停车未拉手制动，未取出钥匙，不脱挡，未平放货叉	扣4分	
24	货叉着地或高于500mm运行	扣4分	
25	堆垛时上升、下降，前、后倾动作有明显抖动一次	扣2分	
26	卸货时未使货叉前倾倒车，卸货后未使货叉升高后倾	扣4分	
27	上、下货物堆放整齐度超过50mm	扣2分	
28	制动器应用不当	扣3分	
29	起步、停车溜动0.4m以外	扣1分	

注：操作时间5分钟，每超15秒扣2分，依次类推。

拓展提升

取8个空托盘，32个直径7cm，高10cm的水管。托盘平放在地面上，4个角各放置一个水管，然后把8个托盘垂直叠放在指定地点。

任务七 叉车搬运上架作业训练

任务目标

能驾驶叉车搬运货物到指定货架。

任务描述

货物到达仓库外面，我们需要把货物卸载下车，并搬运到指定存放位置。为了节省空间，仓库内设有许多的高层货架，我们要把货存放在货架上，则需要通过叉车，把整托的货物准确、平稳地放进。

一、相关知识（见表6－12）

表6－12　　叉车搬运上架作业步骤

<table>
<tr><th>作业步骤</th><th>作业名称</th><th>作业特点</th><th>作业图示</th><th>作业说明</th></tr>
<tr><td>1</td><td>驶近货位</td><td>叉车叉取货物后行驶到卸货位置，准备卸货</td><td></td><td></td></tr>
<tr><td>2</td><td>调整叉高</td><td>操纵货叉升降操纵杆，使货叉起升（或下降），而超过货垛（或货位）高度</td><td></td><td rowspan="7">①通过操纵杆，操纵门架动作或调整叉高，动作要柔和，速度要慢，以防货物散落。同时动作要连续，一次到位成功，不允许反复多次调整，以提高作业效率
②对准货位时速度要慢（可用半联动控制），但不能停车。禁止打死方向，左、右位置不能偏不斜。前后不能完全对齐，要留出适当距离，以防垂直门架时货叉前移而不能对正货堆
③垂直门架一定要在对准货位以后进行，保证叉车在门架后倾状态移动
④落叉卸货后抽出货叉，货叉高度要适当，禁止拖拉、刮碰货物</td></tr>
<tr><td>3</td><td>进车对位</td><td>操纵叉车继续向前，使货物位于货垛（或货位）的上方，并与之对正</td><td></td></tr>
<tr><td>4</td><td>垂直门架</td><td>操纵门架操纵杆，使门架向前处于垂直位置</td><td></td></tr>
<tr><td>5</td><td>落叉卸货</td><td>操纵货叉升降操纵杆，使货叉慢慢下降，将所叉货物放于货垛（或货位）上，并使货叉离开货物底部</td><td></td></tr>
<tr><td>6</td><td>退车抽叉</td><td>叉车起步后倒，慢慢离开货垛</td><td></td></tr>
<tr><td>7</td><td>后倾门架</td><td>操纵门架向后倾斜</td><td></td></tr>
<tr><td>8</td><td>调整叉高</td><td>操纵货叉起升或下降至正常高度，驶离货堆</td><td></td></tr>
</table>

二、材料与工具

一个100m^2 的平整空地、1个3层的重型货架、1台叉车、2个托盘、60个30cm×30cm×40cm纸箱子。

实施步骤

步骤 1：老师下达任务书，学生讨论总结该如何完成上架作业。

分任务 2 个。

1. 搬运货物准确放进货架

准备工作：取 2 个托盘，上面各堆垛 30 个纸箱，然后把货物放到货架旁。

第 1 步：驾驶叉车行进至货物正前方工作位置，停车。

第 2 步：叉取货物。

第 3 步：驾驶叉车至指定货架仓位前，停车，拉手刹，空挡。

第 4 步：调整货物高度与倾斜度，使其正好在仓位的正面空间内。

第 5 步：驾驶叉车，使货物进入仓位内，在叉车门架离货架杆 5cm 处停车。

第 6 步：调节货叉，放下托盘。

重复第 1 ~ 第 6 步，搬运第 2 个货物到指定仓位上。

2. 搬运货物移仓

准备工作：取 2 个托盘，上面各堆垛 30 个纸箱，然后把货物放置在货架 2 个不同的仓位上。

第 1 步：驾驶叉车行进至托盘正前方工作位置，停车。

第 2 步：调节货叉。

第 3 步：叉取货物。

第 4 步：驾驶叉车直线离开货架 5cm，停车，拉手刹，空挡。

第 5 步：调整货架至行车状态。

第 6 步：驾驶叉车来到指定仓位前，停车，拉手刹，空挡。

第 7 步：调整货物高度与倾斜度，使其正好在指定仓位的正面空间内。

第 8 步：驾驶叉车，使货物进入仓位内，在叉车门架离货架杆 5cm 处停车。

第 9 步：调节货叉，放下托盘。

重复第 1 ~ 第 9 步，搬运第 2 个货物到指定仓位上。

步骤 2：老师按规范演示如何完成分任务 1。

老师按照规范，一边操作，一边讲解分任务 1 的难点与重点。

步骤 3：学生上车练习。

通过自己的思考，结合教师的演示，对于分任务 1 有了一定的了解，学生就可以上车按照规范步骤来练习。

步骤 4：师生共同检查练习的效果，归纳操作要点。

步骤 5：教师对学生的操作进行点评并对知识进行总结。

重复步骤 2 ~ 步骤 5，完成分任务 2。

工作页（工作记录）如表 6 – 13 所示。

表 6 – 13　　工作页（工作记录）

班别		姓名		学号	
项目名称			工作内容		
工作岗位			作业员		
项目组			负责人（组长）		
小组成员					
工作过程：					
工作反思（小结）：					
项目组评定：					
教师点评：					

任务评价

叉车上架作业任务评价如表 6 – 14 所示。

表 6 – 14　　叉车上架作业任务评价

组别：		姓名：			成员：	
考核标准	项目	分值（分）	自我评价（30%）	其他组评价（30%）	教师评价（40%）	合计（100%）
	操作规范	40				
	任务完成情况	40				
	所用时间	10				
	是否认真努力	10				
合计		100				

评分要求：场考时有下列情况之一为不合格。

①车身任何部位超出划线范围。

②移动桩位。

③违反操作规程。

④未按规定路线行驶。

⑤由于技术生疏，货物从货叉上掉下。

⑥油门当制动器应用。

评分标准：设定总分 100 分，90 分为合格基准，操作评分标准如表 6－15 所示。

表 6－15　　叉车操作评分标准

序号	项目	扣分标准	扣分记录
1	检查车辆准备起动（每错或少一动作）	扣 2 分	
2	起动时间过长	扣 2 分	
3	起步不鸣号，不观察周围情况	扣 3 分	
4	起步前未升货叉，门架未后倾	扣 3 分	
5	车已驶动未松手制动器	扣 3 分	
6	起步不稳或转弯不减速	扣 4 分	
7	原地打方向盘	扣 6 分	
8	油门与离合器及刹车配合不当	扣 4 分	
9	使用离合器半联动时间过长	扣 5 分	
10	转弯半径选择较差，转弯后方向回正不及时	扣 2 分	
11	中途停车或熄火	扣 7 分	
12	叉货、卸货时使货物移位	扣 6 分	
13	前进或后退还手（每次）	扣 3 分	
14	碰擦杆一次但未移动桩位	扣 7 分	
15	换挡时有严重齿轮碰击声一次	扣 2 分	
16	倒车不到位或停车位置不到位	扣 3 分	
17	未在载货中心距内起升货物或运行	扣 3 分	
18	未使货叉稍向前倾起叉货物一次	扣 3 分	
19	起叉货物后，货叉未后倾	扣 3 分	
20	货叉未在垂直位置扣后倾位置上升、下降一次	扣 3 分	
21	开门探视或身体伸出车外观察	扣 3 分	
22	压线一次但未出线	扣 3 分	
23	停车未拉手制动，未取出钥匙，不脱挡，未平放货叉	扣 4 分	
24	货叉着地或高于 500mm 运行	扣 4 分	
25	堆垛时上升、下降，前、后倾动作有明显抖动一次	扣 2 分	
26	卸货时未使货叉前倾倒车，卸货后未使货叉升高后倾	扣 4 分	
27	上、下货物堆放整齐度超过 50mm	扣 2 分	
28	制动器应用不当	扣 3 分	
29	起步、停车溜动 0.4m 以外	扣 1 分	

注：操作时间 5 分钟，每超 15 秒扣 2 分，依次类推。

 拓展提升

托盘加 3 层纸箱的高度是 97cm，宽度是 100cm。我们把仓位定为高度 105cm，宽度 105cm，让驾驶员把两堆货物先后搬运放在货架同一层的 2 个仓位内。

任务八　叉车操作综合训练

 任务目标

能驾驶叉车完成各项挑战。

 任务描述

把叉车正向驾驶、倒向驾驶、绕桩、搬运货物、上架、移库、堆叠托盘等技巧，融合在一条综合线路上。

 任务准备

一、相关知识

（1）叉车的硬件结构。

（2）叉车的操作规范。

（3）叉车的正向与倒向的驾驶技巧。

（4）叉车转弯的驾驶技巧。

（5）叉车叉取货物的技巧。

（6）叉车搬运货物上架的技巧。

二、材料与工具

材料与工具，如表 6 – 16 所示。

表 6 – 16　　材料与工具

名称	规格要求	数量
电瓶式叉车	龙工 LG16B 电瓶式叉车	1 辆
托盘	标准 1200mm × 1000mm 单面川字底木制托盘	若干
纸箱	外径：285mm × 380mm × 270mm	若干
钢管	外径 5cm，壁厚 3.5mm，高 13.3cm	32 个

续 表

名称	规格要求	数量
绕杆	钢管直径 2.5cm，底座直径 10cm，杆高 150cm	6 个
线边杆	钢管直径 2.5cm，底座直径 7.5cm，杆高 50cm	370 个

实施步骤

步骤 1：老师下达任务书，学生讨论总结该如何完成综合作业。

操作过程如下：

(1) 起步前准备、起动叉车。

(2) 叉取货物、带货绕桩。

(3) 货品入库。

(4) 货物移库。

(5) 过窄通道区及车向调整区。

(6) 过约束区。

(7) 托盘码垛。

(8) 入库停车。

线路图如图 6－21 所示。

步骤 2：老师按规范演示如何完成任务。老师按照规范，一边操作，一边讲解本任务的难点与重点。

步骤 3：学生上车练习。通过自己的思考，结合教师的演示，对于本任务有了一定的了解，学生就可以上车按照规范步骤来练习。

步骤 4：师生共同检查练习的效果，归纳操作要点。

步骤 5：教师对学生的操作进行点评并对知识进行总结。

工作页（工作记录）如表 6－17 所示。

表 6－17　　工作页（工作记录）

<table>
<tr><td>班别</td><td></td><td>姓名</td><td></td><td>学号</td><td></td></tr>
<tr><td>项目名称</td><td colspan="2"></td><td>工作内容</td><td colspan="2"></td></tr>
<tr><td>工作岗位</td><td colspan="2"></td><td>作业员</td><td colspan="2"></td></tr>
<tr><td>项目组</td><td colspan="2"></td><td>负责人（组长）</td><td colspan="2"></td></tr>
<tr><td>小组成员</td><td colspan="5"></td></tr>
<tr><td colspan="6">工作过程：</td></tr>
<tr><td colspan="6">工作反思（小结）：</td></tr>
<tr><td colspan="6">项目组评定：</td></tr>
<tr><td colspan="6">教师点评：</td></tr>
</table>

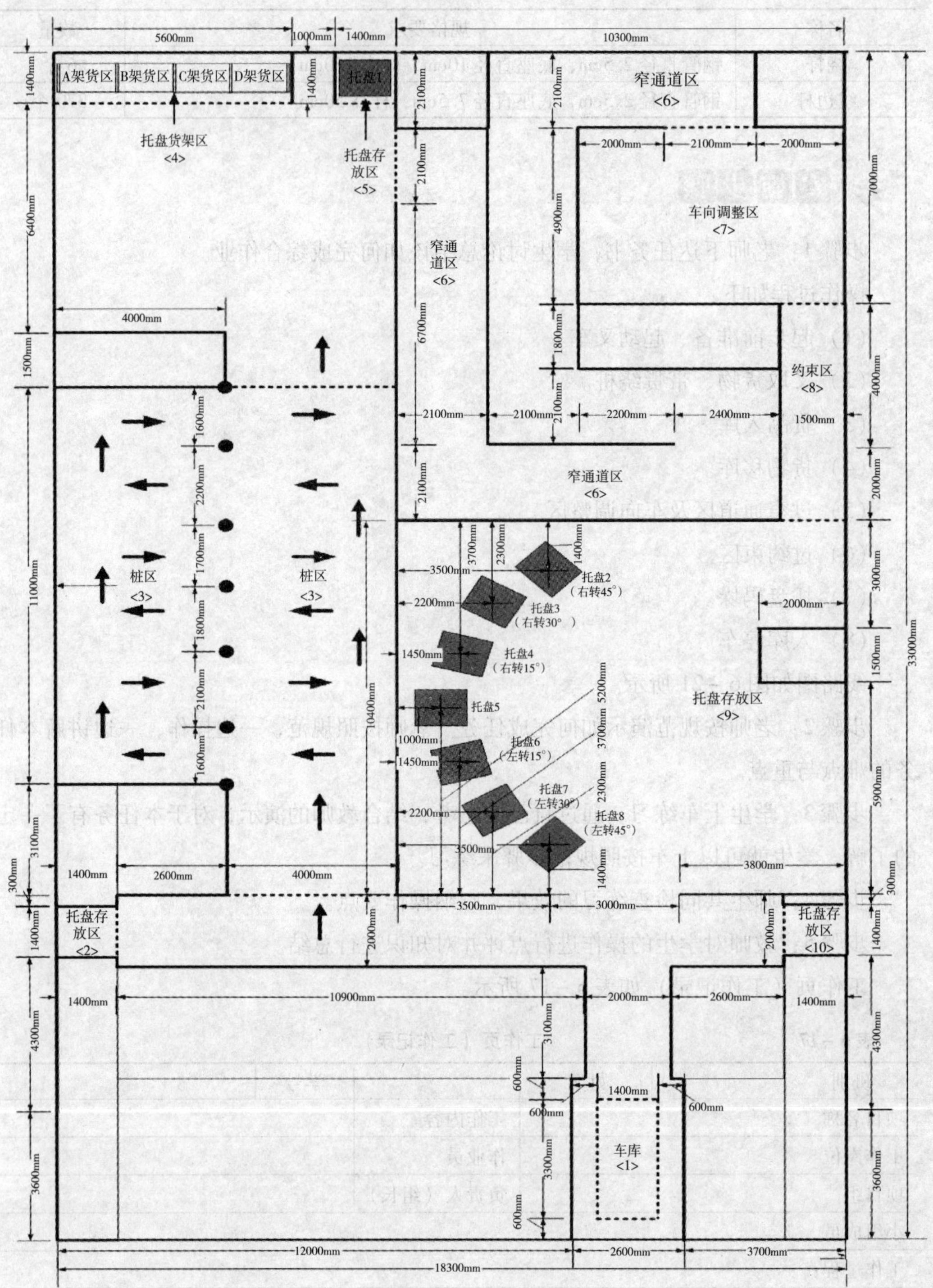

A架货区
B架货区
C架货区
D架货区
托盘1
托盘货架区
<4>
托盘存
放区
<5>
窄通道区
<6>
车向调整区
<7>
约束区
<8>
桩区
<3>
托盘2
（右转45°）
托盘3
（右转30°）
托盘4
（右转15°）
托盘5
托盘6
（左转15°）
托盘7
（左转30°）
托盘8
（左转45°）
托盘存放区
<9>
托盘存
放区
<2>
托盘存
放区
<10>
车库
<1>
5600mm
1000mm
1400mm
10300mm
12000mm
2600mm
3700mm
18300mm
33000mm

图6－21　线路图

任务评价

叉车综合作业任务评价如表 6－18 所示。

表 6－18 叉车综合作业任务评价

组别： 姓名： 成员：

	项目	分值（分）	自我评价（30%）	其他组评价（30%）	教师评价（40%）	合计（100%）
考核标准	操作规范	40				
	任务完成情况	40				
	所用时间	10				
	是否认真努力	10				
合计		100				

叉车操作评分要素如表 6－19 所示。

表 6－19 叉车操作评分要素

序号	名称	说明	安全及规范要求级别（级）	分值（分）
1	未按规范上车	左手扶安全把手、右手扶座椅、左脚登踏、正确系上安全带和佩戴安全帽（以上步骤少做一步计数 1 次）	1	1
2	未按规范起步	合上电源总开关，闭合方向开关，鸣笛，松开驻车制动，上升货叉，门架后仰；操作顺序不正确（以上步骤少做一步或者操作顺序错误一次分别计数 1 次）	2	2
3	未按规范停车下车	减速停车，门架回位，车轮回正，拉紧驻车制动，方向开关回位，关闭电锁，切断总电源，规范下车（以上步骤少做一步或者操作顺序错误一次分别计数 1 次）	2	2
4	货叉离地距离（叉车行驶时）	叉车在行驶时，货叉离地距离不在 30～40cm（在同一区域计数 1 次）	3	1
5	紧急制动使用不当	制动过程出现拖痕（按发生次数计数）	5	5
6	叉车碰撞边线杠	叉车撞到边线杆（按杆个数计数）	4	3

续 表

序号	名称	说明	安全及规范要求级别（级）	分值（分）
7	叉车与其他设备设施发生刮蹭或碰撞	叉车与其他设备设施发生刮蹭或碰撞，包括托盘、货物、线边杆、货架等（按发生次数计数）	4	3
8	未按规范叉取货物	未按取货 8 步（驶进货位、垂直门架、调整叉高、进叉取货、微提货叉、后倾门架、驶离货位、调整叉高）要求进行叉取货物（以上步骤少做一步计数 1 次，顺序不正确只计数 1 次）	2	0.6
9	未按规范卸载货物	未按卸载 8 步（驶进货位、垂直门架、调整叉高、进车对位、落叉卸货、退车抽叉、后倾门架、调整叉高）进行卸载货物（以上步骤少做一步计数 1 次，顺序不正确只计数 1 次）	2	0.6
10	轮胎离地	叉车行驶中出现轮胎离地（按发生次数计数）	5	5
11	起步前，未按规范巡检	没有按巡检要求进行检查，检查项目为：门架、前后轮胎、仪表（按发生次数计数）	1	1
12	起步未经报告	检查完毕后，选手没有坐在车上向裁判举手报告就起步	1	0.4
13	叉车未停在指定区域内	入库停车时，叉车超出定位线	2	0.6
14	入库停车后，未报告	规范下车，举手报告操作完毕	1	0.4
15	叉取货物失败	叉取货物未能一次成功（按调整次数计数）	2	0.6
16	货物掉落	货物掉落（按货物掉落的箱数计数）	4	3
17	叉车撞桩	叉车行驶时撞桩（按发生次数计数）	4	3
18	托盘入位不整齐	托盘放置不整齐，标准为托盘前后端各距横梁 20cm，托盘左右短距离立柱及横梁中心（横梁长 2.64cm）16cm；在此标准下，托盘前后和左右超出标准距离 2cm 视为托盘放置不整齐	3	4
19	出入货位调整次数	出入货位调整次数（按发生次数计数）	2	0.6

续　表

序号	名称	说明	安全及规范要求级别（级）	分值（分）
20	入库货位不准确	入库货位不是 A_2，或者未完成本阶段作业	4	3
21	移库货位不准确	移库货位不是从 D_3 到 B_2，或者未完成本阶段作业	4	3
22	钢管掉落	行车过程钢管掉落（按钢管掉落的个数计数）	3	1
23	已堆码托盘上的钢管掉落	托盘未倒跺时，已堆码托盘上的钢管掉落的个数（按钢管掉落的个数计数）	3	1
24	货叉直接从未码垛的托盘上越过	货叉直接从未码垛的托盘上越过（按越过的未码垛的托盘数计数）	5	5
25	行驶中升降货叉	叉车行驶中升降货叉	3	1
26	转向时未打转向灯	除带货绕桩环节，叉车转向时未打转向灯	3	1
27	危险或不规范动作（普通）	本表没有定义的一般扣分事项（普通级）：具体分值由裁判组织和仲裁组共同确定	1～3	0.4～1
28	危险或不规范动作（严重）	本表没有定义的扣分严重事项，必要时裁判可以终止比赛。严重级：具体分值由裁判组织和仲裁组共同确定	4～5	3～5

备注：

①级别按综合操作安全、操作规范进行划分，分为1～6级，危险程度和规范要求程度依次增加，对应的分数分别为1级：0.4、2级：0.6、3级：1、4级：3、5级：5。

②当学生出现本表没有定义的危险或不规范动作时，老师记录情况，并由老师和学生共同确定具体的分值，动作为普通和严重2个级别。

③在任何时候，如果老师认为有必要，可以终止学生操作。

拓展提升

托盘加3层纸箱的高度是97cm，宽度是100cm。我们把仓位定为高度105cm，宽度105cm，让驾驶员把两堆货物先后搬运放在货架同一层的2个仓位内。

参考文献

[1] 潘炎建．物流综合实训［M］．北京：高等教育出版社，2013.
[2] 纪寿文，缪立新．现代物流装备与技术实务［M］．深圳：海天出版社，2004.
[3] 郑彬．仓储与配送实务［M］．北京：高等教育出版社，2013.
[4] 蓝仁昌．物流技术与实务［M］．北京：高等教育出版社，2012.
[5] 钱芝网．仓储管理实物情景实训［M］．北京：电子工业出版社，2008.
[6] 李志勇．仓储物流实训任务书［M］．北京：北京理工大学出版社，2011.
[7] 彭影，吴映清．现代物流综合实训教程［M］．成都：西南交通大学出版社，2014.
[8] 范珍．物流管理案例与实训［M］．武汉：武汉理工大学出版社，2008.
[9] 张议，戴敏华．现代物流综合实训教程［M］．成都：西南交通大学出版社，2013.
[10] 张志勇．物流岗位综合实训［M］．北京：清华大学出版社，2012.
[11] 徐国庆．职业教育项目课程开发指南［M］．上海：华东师范大学出版社，2009.
[12] 李雄杰．职业教育理实一化课程研究［M］．北京：北京师范大学出版社，2011.
[13] 杨文明．高职项目教学理论与行动研究［M］．北京：北京师范大学出版社，2011.